Michelle de Oliveira
Ich glaube, mir fehlt der Glaube

PVER
VALA
ERNG
LAGO

MICHELLE DE OLIVEIRA

Ich glaube, mir fehlt der Glaube

14 Gespräche über Religion, Glaube und Spiritualität

Pano – Ein Imprint von TVZ

Gedruckt mit freundlicher Unterstützung der Reformierten Kirche des Kantons Zug, der Evangelisch-reformierten Kirche des Kantons Zürich und der Evangelisch-reformierten Kirchgemeinde Zürich.

Der Pano Verlag Zürich wird vom Bundesamt für Kultur für die Jahre 2021–2024 unterstützt.

Bibliografische Information der Deutschen Nationalbibliothek
Die Deutsche Nationalbibliothek verzeichnet diese Publikation in der Deutschen Nationalbibliografie; detaillierte bibliografische Daten sind im Internet über http://dnb.dnb.de abrufbar.

Umschlaggestaltung
Simone Ackermann, Zürich
Unter Verwendung eines Bilds von Michelle de Oliveira, fotografiert von Torsten Maas.

Bildkonzept und Bildbearbeitung
Adrian Sonderegger, Zürich, www.ohnetitel.ch

Satz und Gestaltung
Weiß-Freiburg – Grafik und Buchgestaltung

Druck
CPI Books GmbH, Leck

ISBN 978-3-290-22071-6 (Print)
ISBN 978-3-290-22072-3 (E-Book: PDF)

2. Auflage 2024
© 2024 Pano – Ein Imprint von TVZ

www.pano.ch
Alle Rechte vorbehalten

Für alles, was ist.

Inhalt

Vorwort 9

Patrick Schwarzenbach
«Der Glaube ist eines der letzten grossen Abenteuer» 15

Anja Niederhauser
«Auch gläubige Menschen können in den letzten Stunden ihres Lebens hadern» 27

Mirjam Haymann
«Das Yoga hat meinen jüdischen Glauben ergänzt» 41

Manuel Schmid
«Das Göttliche liegt nicht in uns» 55

Lama Irene
«Der Gedanke an die Vergänglichkeit prägt meinen Tag» 75

Valentin Abgottspon
«Die Religionen sind in einem grossen Ausmass schädlich» 89

Priscilla Schwendimann
«Es ist Gottes Ironie, dass ich mit einer Frau zusammen bin» 103

Martin Iten
«Ich habe mich bewusst für die Liebe, die Hoffnung und den Glauben entschieden» 117

Alexandra Kruse
«Die Spiritualität rettete mir das Leben» 143

Dilek Uçak-Ekinci
«Mein Glaube schenkt mir in Krisen Zuversicht» 155

Kathrin Awi
«Ich bin ein Kanal für Nachrichten aus dem Universum» 169

Dorothea Lüddeckens
«Religion und Spiritualität per se als etwas Gutes zu sehen, ist gefährlich» 181

Marcel Steiner
«Ayahuasca hat eine ähnliche Energie wie die heilige Maria» 195

Kathrin Altwegg
«Wir Menschen sind aus Sternenstaub gemacht» 209

Nachwort 222
Dank 227
Literaturliste 228
Bildnachweis 229

Vorwort

Die Tatsache lässt sich nicht länger bestreiten: Ich bin auf der Suche. Und zwar schon eine Weile, nur war ich mir dessen nicht bewusst. Genau so wenig wie ich weiss, wonach ich eigentlich suche. Aber da ist ein Bedürfnis und es will dringend gestillt werden. Ich fange an, genauer hinzuhören – und finde einige erste Antworten. Aber vor allem noch viel mehr Fragen.

Ich wünsche mir Sicherheit in einer Welt, die mich fordert. Und oft auch überfordert. Ich suche etwas, an dem ich mich festhalten kann auf diesem Planeten, der scheinbar immer schneller dreht. Eine Welt, in der gerade – oder war das schon immer so? – so viel im Umbruch ist, in der Kriege, Krankheit und Klimakrise herrschen. Ich wünsche mir Kontrolle oder vielleicht auch, diese abgeben zu können. Nur weiss ich nicht, an wen. In einer Gesellschaft, in der fast alles möglich ist, fallen mir Entscheidungen schwer. Jedes Ja bedeutet unzählige Nein. Ich fühle mich oft orientierungslos. Wie im freien Fall und gleichzeitig mitten in einem Rennen, in dem ich von A nach B gelangen soll, ohne zu wissen, wo sich A und vor allem B überhaupt befinden. Möglichst schadlos durchzukommen, gerne auch schneller und besser als die anderen, um dann ... Ja, um dann was eigentlich? Ist das der Sinn des Lebens? Irgendwie durchzukommen? Oder gibt es vielleicht gar keinen Sinn? Und was passiert nach dem irdischen Leben? Wenn wir einmal nicht mehr so sind, wie wir jetzt sind – alles fertig? Oder gibt es doch eine andere Dimension?

Inmitten all dieser Fragen schleicht sich langsam eine Vermutung ein: Ich glaube, mir fehlt der Glaube.

Dieser Gedanke lässt mich zusammenzucken. In meinem Kopf passen Religion und Glaube nicht zu mir, nicht in meine moderne Welt. Zu naiv, zu altbacken, eine zu schwere Geschichte, zu viele schlimme Ereignisse. Religion und Glaube sind für die, die es nicht besser wissen, denke ich. Es fällt mir schwer, mir selbst – geschweige denn anderen – einzugestehen, dass mich Glaube und Religion interessieren und anziehen.

Ich bin nicht besonders religiös aufgewachsen. Katholisch. Wir gingen gelegentlich in die Kirche, meist zu Weihnachten, manchmal an Ostern und für Hochzeiten, Taufen und Beerdigungen. Ich erlebte Erstkommunion und Firmung wie fast alle anderen Kinder und Jugendlichen in meinem Umfeld. Ich machte mir wenig eigene Gedanken zum Glauben und zur Religion.

Doch bereits als Teenager entwickelte ich eine grosse Faszination für Meditation. Ich lieh mir in der Bibliothek Bücher aus, setzte mich im Dunkeln auf den Boden und versuchte, meinen Blick und meine Gedanken auf die Flamme eines Teelichts zu richten, den Atem fliessen zu lassen und zu meditieren. Bevor Yoga wirklich überall war, besuchte ich meinen ersten Yogakurs, in einem Raum der Hofkirche in Luzern. Anfang zwanzig reiste ich nach Tibet und pilgerte mit Buddhistinnen und Buddhisten um den heiligen Berg Kailash. In Nepal wohnte ich dem rituellen Leichenverbrennen bei und in Indien badete ich im heiligen Ganges. Ich wurde Yogalehrerin, übte Breathwork und liess während eines schamanischen Workshops schreiend negative Gefühle los. Ich sog alles Spirituelle auf.

Gleichzeitig haderte ich zunehmend mit der katholischen Kirche als Institution. Missbrauchsfälle, Machtgehabe, menschenverachtendes Verhalten und meiner Meinung nach rückständige Ansichten und Auflagen machten mich wütend und stiessen mich ab. Vor einigen Jahren bin ich offiziell aus der

Kirche ausgetreten und habe damit den Glauben offiziell ein für alle Mal abgelegt. Dachte ich zumindest. Denn trotzdem gehe ich nach wie vor gerne in ein Gotteshaus und zünde dort eine Kerze an, wie ich es schon als Kind getan habe. Ich geniesse die Ruhe und die Stimmung, die mich jedes Mal erden. Manchmal spreche ich mit jemandem, ähnlich wie ein Gebet, ohne zu wissen, an wen ich meine Worte eigentlich richte. Dabei fühle ich mich scheinheilig und frage mich: Darf ich das überhaupt?

Ich meditiere noch immer, manchmal zurückgezogen und schweigend für mehrere Tage, ich praktiziere Yoga, ich achte auf Mondphasen und verspreche mir bei Neumond ein fantastisches Leben. Ich merke mir Zitate bedeutender philosophischer Denkerinnen und Denker und solcher, die es gerne wären. Ich wiederhole Mantras und versuche, achtsam zu sein. Ich räuchere meine Wohnung aus und stecke mir häufig einen Edelstein als Talisman in den Hosensack. Einmal besuchte ich ein Medium, das Kontakt zu Verstorbenen herstellen kann, und für eine Weile belegte ich Kurse in buddhistischer Psychologie.

Ich bastle mir also aus allen möglichen Religionen und spirituellen Praktiken meinen eigenen Glauben zusammen: Ein bisschen Astrologie, wenn die Sterne gerade gutstehen, Kontakt mit dem Jenseits, wenn ich traurig bin, ein Mantra, wenn es passt. Wenn es hart auf hart kommt, bete ich auch mal unbeholfen und steif zu Gott (oder zur Göttin). Ich halte es wie Pippi Langstrumpf: Ich mach' mir die Welt – oder eben meine Spiritualität –, wie sie mir gefällt. Ich glaube, daran ist grundsätzlich nichts falsch. Oft habe ich durch kleine Rituale Halt und Hoffnung gefunden, wieder Boden unter den Füssen gespürt und Zuversicht gewonnen. Aber meistens hält diese Ruhe nur kurz an, schnell bin ich wieder auf der Suche.

Meine selbstgemachte Spiritualität scheint mir wenig nachhaltig und wackelig. Ein bisschen wie Fast Food: Schmeckt toll im Moment, aber ich bin schnell wieder hungrig. Ich wünsche mir etwas, das mich wirklich satt macht.

Fehlt mir vielleicht tatsächlich dieser eine Glaube? Oder sind es vielleicht fehlende Rituale, die früher selbstverständlich waren, die nun eine Lücke hinterlassen? Das Gefühl einer Gemeinschaft? Kann moderne Spiritualität, mit der ich mich gerne beschäftige, die Lösung sein? Oder ist es überhaupt naiv, nach etwas «Grösserem» zu suchen? Nach etwas, das rational nicht erklärbar ist?

Vielleicht bin ich gläubig, denke ich manchmal, aber meist schaltet sich dann sofort die Vernunft ein. Beispielsweise will mir die Schöpfungsgeschichte aus der Bibel überhaupt nicht einleuchten. Ein Gott, der die ganze Welt erschaffen hat? Ich schaue mir Aufnahmen aus dem Universum an und denke: Wer hat denn den ganzen Rest erledigt? Die Lichtjahre entfernten Galaxien kreiert? Oder schon «nur» die Planeten unseres Sonnensystems? Auch Gott? Nur um dann bloss die Erde mit Leben, wie wir es kennen, zu besiedeln? Hätte Gott sich nicht mehr ausleben wollen, um zum Beispiel auf dem Mars gänzlich andere Kreaturen zu schaffen? Adam und Eva, die unbefleckte Empfängnis Marias, Jesus, der am Kreuz für die Sünden der Menschen gestorben ist – hat sich das tatsächlich so zugetragen? Oder sind das bloss Geschichten? Ist es nicht unwahrscheinlich, dass die Position von Mond, Mars und Venus meine Stimmung beeinflussen? Dass ein Mantra mich beschützt? Dass das Universum mir Zeichen gib? Dass jemand zuhört, wenn ich flüsternd meine grössten Ängste teile, sei es in einer Kirche oder im Wald?

Ich bin nicht gläubig, denke ich dann also manchmal auch. Es gibt keine Transzendenz, keine andere, weitere Dimension. Und doch finde ich keine Ruhe und Zweifel nagen weiter an der vermeintlichen Gewissheit. Ich weiss es einfach nicht.

Obwohl in meinem Umfeld kaum jemand sehr gläubig ist und viele auch dem Spirituellen eher kritisch gegenüberstehen, bin ich mit diesen Fragen nicht allein. Ich weiss, dass sich viele Menschen ähnliche Fragen stellen. Spiritualität und Esoterik boomen weltweit und sind ein Milliardengeschäft. Menschen überall suchen nach Antworten.

Und ich merke: Ich kann und will mich dieser Suche nicht länger entziehen. Ich möchte den Fragen auf den Grund gehen oder zumindest vertiefter ergründen, was ich denn glaube. Ob ich überhaupt glaube. Ich möchte meine Vorurteile hinterfragen, mich öffnen und einlassen. Mich informieren, lernen und zulassen. Darum will ich mit Menschen reden. Mit gläubigen Menschen, mit Menschen, die den Glauben aus beruflichen Gründen erforschen, mit Menschen, die sich mit unserer Welt aus der wissenschaftlichen Perspektive befassen, mit Menschen, die nicht glauben, mit Menschen, für die das Unfassbare fassbar ist. Ich möchte ihre Geschichten erfahren, von ihrem Weg zum Glauben – oder weg davon – hören, ich möchte die Welt für einen Moment mit ihren Augen sehen und vor allem: ganz viele Fragen stellen.

Dieses Buch soll – für mich und hoffentlich auch für Sie, liebe Leserinnen und Leser – eine Auseinandersetzung mit Glaube, Religion und Spiritualität sein. Ich möchte mich inspirieren, berühren und auch überraschen lassen. Antworten finden und am Schluss vielleicht wirklich wissen: Glaube ich?

PATRICK SCHWARZENBACH

«Der Glaube ist eines der letzten grossen Abenteuer»

Patrick Schwarzenbach, *1984, hat Theologie studiert und ist reformierter Pfarrer in der Citykirche Offener St. Jakob in Zürich, wo moderne spirituelle Praktiken und traditionelle Glaubenswege neben- und miteinander gelebt werden. Er ist verheiratet, Vater von zwei Kindern und lebt mit seiner Familie in Zürich.

Ich bin über Vorbilder zum Glauben gekommen. Ich habe keinen Bekehrungsmoment erlebt, in dem ich gedacht habe: «Ah, jetzt habe ich es, jetzt weiss ich Bescheid!» Es waren Menschen in meinem Umfeld, die Aspekte des Glaubens gelebt und mich dadurch berührt haben. Eines dieser Vorbilder war meine Grossmutter. Sie war eine natürliche, gläubige Frau, ohne je missionarisch zu sein, mit sehr viel Herz, liebevoll, so wie man sich eine Grossmutter vorstellt. Sie wirkte stets sehr verwurzelt in etwas, aber ich wusste damals natürlich nicht so recht, was das ist. Ihre Präsenz hat mich aber immer tief bewegt und dieses Gefühl begleitet mich bis heute.

Ich stamme aus einer kulturprotestantischen Familie, wir haben Weihnachten gefeiert und es war keine grosse Frage, dass ich mich konfirmieren liess. Das war für mich aber nicht mit einer grossen Glaubenserfahrung verbunden. Erst als ich im Gymnasium meinem Religionslehrer begegnete, der sehr spannend Aspekte der Ethik, der Philosophie und der Religion vermitteln konnte, wurde mein Interesse geweckt. Mit seinem Unterricht hat sich mir eine neue Welt eröffnet. Man kann schon sagen, dass ich mich auch wegen ihm dafür entschieden habe, Theologie zu studieren.

Parallel zum inspirierenden Religionsunterricht fing ich an zu meditieren. Ich schwänzte jeweils das Turnen, weil ich darin so schlecht war, und ging stattdessen heimlich in die Bibliothek, um dort sämtliche Bücher über Zen-Meditation zu lesen. Die Faszination für das Spirituelle wuchs und nach der Matur verbrachte ich drei Monate im Kloster in Disentis. Ich habe dort mit den Mönchen gelebt und sehr schnell gemerkt, dass mir das zu eng ist. Einer hatte immer Kopfweh, ein anderer stand eigentlich auf Männer, konnte das aber nicht ausleben – es fühlte sich alles so schwer an! Ich spürte: Das ist es nicht. Ich habe die Welt zu gerne, um mich so sehr zurückzuziehen.

Aber diese Erkenntnis löste auch eine Sinnkrise aus: Die Tiefe und das Suchen – alles Dinge, die ich im Kloster erlebt hatte – wollte ich nicht missen. Ich spürte, dass sie wichtig sind für mich. Doch es gelang mir nicht so einfach, diese Aspekte im Alltag ausserhalb des Klosters zu finden. Schliesslich haben mir Zen-Meditationskurse, regelmässiges Fasten und immer wieder Zeiten des Rückzugs geholfen, beides zu verbinden: die eher kopflastige Theologie durch das Studium und die Spiritualität der Zen-Meditation.

Eine weitere Begegnung, die mich prägte, machte ich während meines Vikariats. Der Pfarrer, bei dem ich dieses Praxisjahr absolvierte, lebte eine grosse Offenheit und eine Spiritualität, die mich beeindruckte. Ich hatte bis dahin immer gedacht, ich würde einen akademischen Weg einschlagen und sicher nie auf einer Kanzel stehen. Auch weil ich zu viele Fragen und zu wenig Antworten hätte. Doch während des Vikariats merkte ich, dass es für all die Fragen Platz und auch den nötigen Raum gibt.

Für mich ist der Glaube ein Vertrauen, das wächst. Dieses Vertrauen war immer da und ich habe das schon früh – auch dank meiner Grossmutter – stark gespürt. Durch die Theologie fand ich eine Sprache für dieses Gefühl. Heute bin ich in einem Prozess, in dem ich unter anderem über das vertiefte Meditieren, regelmässige Kontemplation und eine Körpertherapie-Ausbildung in eine Tiefe und Ruhe hineinkomme. Das ist wohl das, was ich immer gesucht habe. Mein Glaube reichert sich stetig an. Ich habe mich vom Kinderglauben, dem lieben Gott zu danken oder ihn um etwas zu bitten, gelöst und mich weiterentwickelt. Der Glaube wurde weiter und tiefer, wie ein Raum, der aufgeht und immer grösser wird. Der Glaube enthält auch etwas Geheimnisvolles, etwas, das ich nicht einfach packen kann.

Trotzdem habe ich nie an der Existenz Gottes gezweifelt. Vielleicht war es mein Vorteil, dass ich nie einen alten Mann mit Bart im Kopf hatte, der alles richtet. Auch war Gott für mich immer näher beim Gefühl, beim Erleben. Mir wurde mit der Zeit bewusst, dass der Glaube enorm viel mit mir zu tun hat. Das Leben pulsiert in mir, und ich kann über dieses Leben in mir einen Zugang finden zum Leben im allergrössten Sinn. Die Theologie hilft mir noch heute, dieses Erleben in Worte zu fassen und so teilen zu können. Und dadurch kann ich auch als eine Art Übersetzer fungieren, etwa wenn es um die Bibel geht. Für mich ist die Bibel wahr. Aber es sind natürlich in erster Linie Berichte von Menschen, die mit dem Göttlichen eine Erfahrung gemacht haben. Diese Erfahrungen wurden aufgeschrieben, weil sie für diese Person wahr waren, weil sich das Göttliche ihnen in diesem Moment so gezeigt hatte. Das ist für mich der Wahrheitsanspruch an die Bibel: Jemand hat das so erlebt. Und diese Geschichten geben uns heute eine Art Schablone, die uns helfen kann, die eigenen Erfahrungen einzuordnen oder vielleicht auch festzustellen: «Oh wow, was ich gerade durchmache, resoniert mit etwas, was jemand schon vor 2000 Jahren erlebt hat.» Bezüglich der Wahrheit ist mir auch der Ausspruch von Buddha sehr nahe, der sagt: «Hey, probiert das selber aus.» Das geht wieder zurück auf das eigene Erfahren und Erleben, auf das Gefühl.

Was ich schon verrückt finde, ist der Wandel von einer wohlwollenden Grundintention zu einer Kirche, die sehr lange mit Machtmissbrauch und Angstmacherei gewirkt hat. Denn am Anfang steht ja die Geschichte, in der einer ohne Geld in Nazaret umherläuft und sagt: «Ihr müsst keine Angst haben, ihr seid grundsätzlich okay, so wie ihr seid.» Diese Geschichten dann zu einer Aussage zu drehen wie: «Grundsätzlich bist du nicht okay, aber wenn du uns viel Geld und Zeit schenkst, machen wir vielleicht, dass du dann doch okay bist.» Als Vater von zwei Kindern bin ich davon überzeugt, dass die Menschen grundsätzlich gut sind. Wenn man so ein Baby sieht, kann es einem doch nicht einfallen zu sagen: «Wahrscheinlich bist du schlecht und sündig.»

Ich hatte sowieso sehr lange eine ablehnende Haltung den Sünden gegenüber, und sah das Konzept eindeutig als Machtinstrument. Mittlerweile finde ich aber, dass es etwas Wertvolles sein kann. Und zwar dann, wenn man Sünde als Abkapselung versteht. Das Wort Sünde leitet sich nämlich auch von «sunder» ab, von abgeschnitten oder abgespalten sein. Wenn ich nicht verbunden bin mit der Welt und ich mich in mir drin verkrümme, dann bin ich sündig. Das würde ich aber nie moralisch aufladen, sondern ich verstehe es viel mehr als Beschreibung, wie Menschen auch sein können, als temporärer Zustand. Und das ganze Bestrafen für die Sünde ist dann nicht etwas, was nachher passiert. Denn ich weiss, wenn ich in diesem Zustand bin, fühle ich mich nicht wohl in der Welt, dann bin ich nicht im Kontakt. Gelingt es mir, mich wieder zu öffnen, dann ist das eine Befreiung von diesem Zustand, wie ein Abstreifen der Sünde. So verstanden macht die Sünde für mich Sinn. Aber Handlungssünden – also etwa, weil ich einmal gelogen habe, bin ich sündig und muss das abtragen – finde ich blöd und den damit verbundenen Ablasshandel sinnlos.

Lange konnte ich auch nichts mit der Vorstellung von Himmel und Hölle anfangen. Das hat sich etwas relativiert, als mein Vater gestorben ist, als ich 26 Jahre alt war. Er hatte Krebs und durchlebte einen langen Sterbeprozess. Ich war bei ihm und hatte das Gefühl, in seinem Sterben hat er vieles wieder durchlebt, was in seinem Leben passiert war. Schöne Erinnerungen, aber auch alte Ängste kamen wieder hoch und er machte für ihn typische Bewegungen wie etwa mit dem Finger Brösmeli auftippen. Es kam mir damals der Gedanke: Vielleicht ist es das, was viele als Hölle – was ich trotzdem ein sehr schwieriges Wort finde – beschreiben. Vielleicht ist es eine Art Ablösungsprozess, durch den man hindurchgeht, weil das Leben wieder zu seinem Ursprung zurückkehrt. Und ja, wenn jemand sehr viele, sehr schlimme Dinge getan hat, und dann durch alles erneut hindurch muss, um dann loslassen zu können, fühlt sich das vielleicht wirklich wie die Hölle an.

Ich glaube also nicht an eine Hölle, in der Menschen für immer schmoren, aber ich weiss auch nicht, wohin wir gehen. Ich habe das starke Gefühl, dass das Leben wieder an jenen Ort zurückgeht, wo es herkommt. Wir sind aus einer grossen Liebe heraus hierhergekommen und am Ende des Lebens gehen wir wieder dorthin zurück. Ich sage auch an Beerdigungen oft, dass dieser Lebensimpuls nicht einfach verschwindet, sondern dass er wieder in etwas Grösseres zurückgeht. Über die Beerdigungen ist mir aber auch das Konzept der Ahnen nähergekommen. Ich stelle häufig fest, wie verstorbene Menschen ganze Familien noch besetzen können, im negativen Sinn oder aber auch, wie sie weiterhin etwas Wertvolles bleiben können. Es gibt so viele Kulturen, die den Toten ihren Ort zugestehen, vielleicht mit einem Altar oder einem bestimmen

Tag. So sind die Verstorbenen als Ahnen noch präsent. Das kann beim Verlust eines Menschen ein Trost sein.

Ich glaube, dass gläubige Menschen anders sterben. In eigenen Erfahrungen von Angst oder auch in meditativen Zuständen, in denen es existenziell wurde, lernte ich, dass ich in etwas Grösseres hinein loslassen kann und nicht mit dem Kopf etwas lösen oder festhalten muss. Das Wissen, dass etwas da ist, das mich trägt, hat mir in Momenten des Loslassens enorm geholfen. Ich kann nicht beurteilen, wie Menschen das machen, die keinen Glauben oder keine Spiritualität haben. Aber ein entspanntes, letztes Ausatmen hat für mich mit dem Vertrauen in etwas Grösseres zu tun. Mir hilft es, diese Erfahrung des Loslassens – eben etwa durch meditative Zustände – auch im Alltag immer wieder mal zu machen. Damit das nicht etwas ist, das beim letzten Atemzug zum ersten Mal passiert.

Aber unsere Gesellschaft klammert das Sterben und den Tod stark aus. Wir leben nicht mehr in kleinen Gemeinschaften, wo klar ist, dass der oder die Verstorbene noch einmal durchs Dorf getragen wird. Oder das Ritual, dass die Hinterbliebenen ein Jahr lang schwarze Kleidung tragen, sich in dieser Zeit mit dem Tod auseinandersetzen und dass es nach dem Trauerjahr aber auch normal weitergehen darf. Solche Rituale fehlen. Die Kunst, das Sterben zu lernen, war in den 1970er-Jahren weit verbreitet, auch dank der LSD-Bewegung, die das Loslassen zelebriert hat. Doch irgendwann ging das wieder verloren. Dadurch, dass der Tod heute nur so kurz vorkommt in unserem Leben, ist er nicht präsent. Dabei wäre das wertvoll. Nach dem Tod meines Vaters war mir plötzlich ganz klar: Ich will nicht mein Leben auf später verschieben. Mein Vater hatte sich stets vorgestellt, er würde als Pensionär dann irgendwo in der Sonne sitzen. Und dann hat er sein Leben lang viel gearbeitet und starb kurz vor der Pension. Wie gemein ist das denn? Die Dringlichkeit des Lebens zu spüren und das Wissen, dass mir nicht ewig Zeit bleibt, hat meinem Leben enorm viel Energie gegeben.

Dadurch, dass die Religion in der Gesellschaft in den Hintergrund gerückt ist, verlernen wir nicht nur den Umgang mit unserer Endlichkeit, sondern wir verlieren auch eine gewisse Form von Weisheit. Wir haben zwar Zugriff auf sehr viel faktisches Wissen, das uns durch das Internet jederzeit zur Verfügung steht. Aber viel Wissen über ganz grosse Themen verlieren wir: Was bedeutet es, ein Mensch zu sein? Was ist das Leben? Was ist der Tod? Was ist das Wunder unserer Existenz? Wir verlieren Leute, die sich damit auskennen. In der Kirche fehlen Menschen, die als Vorbilder dienen. Und gleichzeitig ist die Sehnsucht der Menschen so gross: Psychotherapien, Yoga, Meditation – all das boomt.

Im Umfeld unserer Citykirche Offener St. Jakob hier im Zürcher Kreis 4 erlebe ich, dass Yoga, Religion und etwa Ayahuasca für die Menschen gleichermassen spannend sind. Das Christentum ist zwischenzeitlich in so weite Ferne gerückt, dass es schon wieder interessant wird und plötzlich wieder Weisheiten und vor allem auch Gemeinsamkeiten mit anderen spirituellen Wegen gefunden werden. Viele Weisheitstraditionen können parallel existieren.

Ich glaube, das Christentum mit dem bösen Zeigefinger wird immer mehr in den Hintergrund treten, das hat niemandem etwas gebracht. Und schon gar nicht hilft es einem, sich tiefer im Leben zu verwurzeln. Aber die Form des Christentums, die aus der Mystik kommt, die mit Ritualen zu tun hat, die Form, in der das Sozialengagement lebt, in der Versöhnung und Vergebung existieren, die bleibt spannend. Wir vereinen diese Parallelwelten im St. Jakob. Hier ist vieles möglich und ich richte mich immer nach dem Grundsatz: Wenn es jemandem hilft, lebendiger, liebevoller, freier zu werden, dann spielt es für mich eigentlich keine Rolle, welche Praxis dahinter steht.

Was ich oft beobachtet habe – auch bei mir – und sehr spannend finde: Viele Menschen, die östliche Traditionen praktiziert haben, gelangten irgendwann an einen Punkt, an dem sie nicht mehr weiterkamen, an dem sie nicht mehr verstanden. Mir erging es beim Zen mit dem Konzept der Leere so. Einerseits habe ich die Texte nicht im Original gelesen, sondern die Übersetzung davon, was schon etwas anderes ist. Ich kann mir zwar etwas darunter vorstellen, ich kann Erfahrungen damit machen, aber was es im Ursprung und in dieser Kosmologie wirklich heisst, an das komme ich nicht heran. Das ist nicht meine Sprache. Vielen, die auf ihrem Weg ähnliche Erfahrungen machen, hilft der Sprachschatz aus der eigenen Kultur, um etwas zu beschreiben. Das verstehen sie, weil sie damit aufgewachsen sind. Und bei solchen Erfahrungen passiert manchmal eine Wende zum Christentum oder eine Offenheit dem Christentum gegenüber. Am Schluss sind es einfach nur Symbolsysteme und es geht bei allem im Kern um das Gleiche – aber man kann es unterschiedlich ausdrücken. Ich glaube, dem Göttlichen ist es egal, auf welche Art man dazu kommt oder in welcher Weise man sich darin versenkt. Das Göttliche ist ein Angebot, das man annehmen oder ablehnen kann. Aber wie und wo man es annimmt, spielt keine Rolle.

Ich finde auch nicht, dass man sich zwingend zu etwas bekennen oder irgendeinen Religions-Kleber auf alles drauf machen muss. Ich erlebe es so, dass das Göttliche im Überfluss vorhanden ist. Es manifestiert sich im Leben, es ist präsent, es fliesst darüber hinaus. Das Göttliche ist nicht davon abhängig, ob ich mich zu etwas bekenne oder nicht.

Ich behaupte, alle diese Wege sind gleich wertvoll, aber man muss sie eine längere Zeit gehen. Der Weg vom Abschälen äusserer Schichten, um auch den dunkeln Seiten von sich zu begegnen und sich den aufdrängenden Fragen wirklich zu stellen, ist in all diesen Wegen drin und das finde ich so wertvoll. Aber immer kurz vor diesem Punkt wieder aufzuhören und sich etwas anderem zuzuwenden, verhindert das Absinken in eine tiefere Schicht. Es ist ein Gewinn, wenn man an etwas dranbleibt. Wie in einer Beziehung, dort kommt die Tiefe auch erst nach einer gewissen Zeit, wenn man vielleicht auch Dinge gesehen hat voneinander, die gar nicht so schön sind.

Und darum gefällt mir der Gedanke – und das hat die Religion in der christlichen Form etwas verloren –, dass der Glaube eigentlich ein extrem spannendes Abenteuer ist, das neugierig macht und umso aufregender wird, je tiefer man hineingeht. Der Glaube ist eines der letzten grossen Abenteuer, die wir noch haben. Die Länder sind alle entdeckt, auf dem Mond waren wir. Aber dieses Eintauchen – auch in die eigene Seele – löst einen Wow-Effekt aus. Da gibt es noch viel zu entdecken.

ANJA NIEDERHAUSER

«Auch gläubige Menschen können in den letzten Stunden ihres Lebens hadern»

Anja Niederhauser, *1980, ist reformierte Pfarrerin, Psychologin, Trauercoach und Autorin. Sie war viele Jahre als Seelsorgerin in Spitälern und Pflegeheimen tätig und ist Armee-Seelsorgerin. In ihrer Praxis in Zürich leitet sie unter anderem Trauergruppen und bietet Einzelcoachings für Menschen in Umbruchsituationen an.

Was bedeutet Glaube und Spiritualität für Sie?
Für mich ist der Glaube ein Teil meiner Spiritualität. Beides ist sehr individuell. Zu meiner Spiritualität zählt etwa, dass ich bete, dass ich mich da zugehörig fühle. Dass ich Gott sehr stark spüre, wenn ich die Natur in ihrer Schönheit erlebe. Und vor allem auch, wenn ich Menschen begegne. Ist das spezifisch christlich? Wahrscheinlich nicht.

Was kann die Spiritualität in herausfordernden Zeiten für uns Menschen tun?
Spiritualität definiere ich – als Seelsorgerin im Spital – so, wie es Traugott Roser, Professor für Spiritual Care, einmal gesagt hat: «Spiritualität ist genau das, und nur das, was der Patient darunter versteht.» Also etwas sehr Individuelles. Ich arbeite in der Seelsorge mit dem, was da ist. Das kann viel sein oder auch ganz wenig. Manche Menschen beten vielleicht. Anderen sagt das gar nichts und sie sind einfach froh, nicht allein zu sein. Oft sind die Menschen auch spirituell, ohne sich dessen bewusst zu sein.

Können Sie ein Beispiel erzählen?
Einer meiner Klienten kam nach dem Tod seiner Mutter zu mir ins Coaching. Er sagte sofort, er sei überhaupt nicht spirituell, das sei gar nicht sein Ding. Und dann erzählte er mir, dass er jeden Abend mit seinen Kindern einen Spaziergang machen würde, ihnen erklärte, wie Jahreszeiten funktionieren, wie nach dem Winter neues Leben entsteht. Wie schön es ist, wenn alles wieder zu wachsen beginnt. Ich verstehe auch das unter Spiritualität: eine Offenheit für die Tiefe des Lebens. Dass es mehr beinhaltet als das Materielle. Dass man unter

der Oberfläche mehr sieht, dass man gewissen Dingen eine Bedeutung zuweisen kann. Oder auch nicht – ich bin nicht jemand, die in allem eine Bedeutung sehen will.

Wird in der modernen Spiritualität manchen Dingen zu viel Bedeutung zugemessen?
Spiritualität – der Begriff ist natürlich sehr weit – boomt extrem und in ihrem Namen passieren auch Dinge, die nicht optimal sind. Eine meiner Klientinnen etwa hat ein Yoga-Retreat besucht, in dem man ihr erzählt hat, sie müsse jetzt ihre Berufung finden, nur dann werde sie zu der, die sie wirklich sei. Finde sie diese Berufung nicht, werde ihr Leben unerfüllt bleiben. Solche Aussagen können bei den Menschen einen riesigen Stress und eine Krise auslösen. Die Frau, die in der Administration tätig war, hatte daraufhin das Gefühl, ihr Beruf sei zu wenig gross, zu wenig bedeutend. Sie glaubte, sie hätte ihr Leben ruiniert, weil sie nicht ihren persönlichen Super-Sinn gefunden hat.

Gibt es denn überhaupt einen Sinn in unserem Leben?
Ja, aber das ist nicht etwas, was man finden muss. Für mich entsteht der Sinn des Lebens aus dem Moment. Zum Beispiel ist es jetzt gerade mein Lebenssinn, hier mit Ihnen über den Glauben zu reden. Das ist doch schön. Und ich muss jetzt nicht wissen, ob das Schicksal mit mir irgendwas anderes vorgesehen hat. Das ist ein riesiger Anspruch.

Und ein sehr individualistischer, beinahe egoistischer Gedanke?
Absolut. Auch aus diesem Grund gefällt mir dieser Grundsatz des Christentums so gut: Liebe deine nächsten wie dich selbst.

Wir selbst sind wichtig, wir müssen uns nicht aufopfern. Aber die anderen sind auch Teil des Lebens. Darum finde ich die moderne Spiritualität, in denen es oft nur noch um Selbstsorge geht, manchmal problematisch. Natürlich ist es wichtig, zu sich selbst zu schauen. Aber wir erfahren ganz viel von uns selbst nur in der Begegnung mit anderen Menschen. Wir brauchen diese Resonanz. Ich bin überzeugt, dass wir ohne sie nicht leben können. Als Pfarrerin erlebe ich das Gemeinschaftliche als etwas sehr Tröstliches. Auch in den Trauergruppen, die ich leite. Selbst wenn es den Leuten sehr schlecht geht – auch über lange Zeit –, bestätigen fast alle, dass es ihnen guttut, in ihrem Leiden nicht allein zu sein. Das Wissen, dass es anderen gleich geht, lindert den Schmerz zwar nicht unbedingt, aber das Gefühl der Gemeinschaft kann trösten.

Geht dieses Gemeinschaftsgefühl verloren, wenn die Religion in unserer Gesellschaft eine immer kleinere Rolle spielt?
Ich kann nicht beurteilen, wie einsam die Menschen früher gewesen sind. Ich kenne heute aber Menschen, die sehr allein sind, die wirklich niemanden haben. Das ist krass. Und dort gibt es bestimmt Leute, die sich bewusst einer Kirchgemeinde anschliessen und den Gottesdienst besuchen, um der Einsamkeit etwas zu entkommen. So kann man durchaus eine gewisse Anbindung erleben. Aber es ist natürlich auch nicht mehr so, dass man im kirchlichen Umfeld zwingend ein starkes soziales Netz findet. Vor einiger Zeit hatte ich eine Beerdigung, bei der ausser dem Friedhofsgärtner und mir niemand anwesend war. Früher wären dort sicher ein paar Leute gewesen. Aber nicht zwingend aus emotionalen Gründen, sondern weil sich das so

gehört hat. Dieser soziale Druck besteht kaum noch. Und vielleicht ist das auch einfach ehrlicher, aber es bringt halt auch eine gewisse Härte mit sich – wie in erwähntem Fall.

Spiritualität, Esoterik und Freikirchen erfahren Zulauf. Die Menschen scheinen auf der Suche zu sein.
Ja, das beobachte ich auch. Das hat sicherlich unter anderem mit einem Bedürfnis nach Sicherheit und Kontrolle zu tun. Viele Leute sehnen sich nach klaren Strukturen. Und diese sind in den Freikirchen gegeben. Man weiss, was erlaubt ist und was nicht. Bei uns in der reformierten Kirche hingegen ist vieles so frei. Ich halte das für einen Vorteil, weil wir die Leute anleiten, kritisch zu denken. Aber das ist halt auch anstrengend. Für mich ist allerdings genau das das Schöne. Sonst wäre ich wohl auch nicht mehr dabei.

Aber auch bei der reformierten Kirche gibt es etwa das Konzept der Sünde. Ist das noch zeitgemäss?
Der Begriff der Sünde hat für mich etwas mit Gottesferne, mit Verschlossenheit und Härte zu tun. Dass Gott einem verstellt ist. Dass man sich für gewisse Dinge im Leben nicht öffnen kann. Sünde ist für mich nicht ein primär moralischer, sondern eben ein spiritueller Begriff, der mit dem ganz Grossen zu tun hat. Eigentlich sollten wir ihn gar nicht mehr verwenden, es schwingt zu viel Negatives mit. Was mich aber aufhorchen lässt: Das Konzept der klassischen Sünde wird in der modernen Spiritualität, wie zum Beispiel im erwähnten Yoga-Retreat, über die Hintertür wieder eingeführt, einfach unter anderen Begrifflichkeiten. Und leider – so empfinde ich das – als moralisches, und nicht als spirituelles Konzept.

Wie meinen Sie das?
Es gilt als verwerflich, wenn man sich selbst nicht gut schaut, wenn man zu wenig hingebungsvoll praktiziert, wenn man zu viel arbeitet. Ich zum Beispiel arbeite sehr gern und sehr viel. Ich liebe meinen Job, er ist für mich eine unglaubliche Bereicherung. Aber manchmal muss ich mich fast verteidigen, weil ich die oft geforderte Work-Life-Balance nicht einhalte. Und dann bin ich halt selbst schuld, wenn es mit dem guten Leben nicht klappt. Es gibt ganz viele solche Glaubenssätze, die stark kolportiert werden. Natürlich sehr unterschiedlich je nach Ausrichtung. Ich spreche hier von dem, was mir häufig als eine Art «Lifestyle Spiritualität» begegnet. Dort verstehen viele das Leben als «machbar»: Praktiziere genug Selbstsorge, dann wird es dir gut gehen. Leider verläuft das Leben nicht so, vieles liegt nicht in unserer Hand. Auch damit gilt es umzugehen und nicht in einer neuen Art von Sündenbegriff den Menschen retour zu geben, im Sinne von «Selbst schuld!». Das empfinde ich als das Gegenteil von spirituell sein. Spiritualität bedeutet für mich, einen Umgang und vielleicht eine Deutung zu finden für das, was wir nicht kontrollieren können.

Wird man etwa am Ende des Lebens empfänglicher für das Spirituelle?
Ich habe unterschiedlichste Erfahrungen gemacht. Sicherlich kann der Glaube am Ende des Lebens trösten. Wenn die Leute das wünschen, bete ich mit ihnen am Sterbebett und segne sie. Wir sprechen den Segen miteinander, auch mit den Angehörigen zusammen. Dabei geht es um das Gefühl des Aufgehobenseins bei Gott, dass wir hier mit ihm verbunden sind und dass diese Verbindung bestehen bleibt, wenn wir

sterben. Wie auch immer es danach weitergeht. Ich habe oft erlebt, dass dieser Gedanke sowohl die Sterbenden als auch die Angehörigen beruhigt und getröstet hat. Auch darum, weil dadurch eine weitere Dimension hinzukommt. Etwas Übergeordnetes. Man kann darin den Schmerz für eine Weile deponieren und die Angst tritt etwas in den Hintergrund. Wir leben nicht einfach von der Geburt bis zum Tod und dann ist es fertig. Der Glaube, dass da noch mehr ist, tröstet. Die Angehörigen spüren das etwa ganz fest in der Liebe zu der Person: Die Liebe ist ja nicht einfach vorbei, wenn die Person gestorben ist. Und dieser Gedanke, dass es noch ein Stück weitergeht, kann einen tragen.

Fällt Gläubigen das Sterben leichter?
Nein, ich will das nicht überhöhen. Es ist nicht so, dass man beten kann und dann ist am Ende einfach alles gut. Und sowieso wehre ich mich dagegen, dass das Sterben irgendwie gelingend sein sollte. Das kann man nicht «machen». Manchmal fällt das Loslassen leichter und manchmal geht es eben nicht. Manche Leute können hineingehen in diesen Moment, andere nicht. Auch gläubige Menschen können in den letzten Stunden ihres Lebens hadern. Und genau so habe ich Menschen erlebt, die strikt naturwissenschaftlich orientiert waren und sterbenskrank gesagt haben: «Wenn ich sterbe, ist es einfach fertig.» Und wunderbar loslassen konnten. Das ist natürlich auch für die Angehörigen entlastend. Aber es ist auch wichtig, das nicht zu werten: Man war kein besserer Mensch, wenn man «gut» sterben konnte! Und vor allem auch kein schlechter oder zu wenig selbstoptimierter Mensch, wenn es eben nicht so ging, wie man sich das wünschte.

Was glauben Sie, was nach dem Sterben kommt? Himmel und Hölle?
Nein, ich glaube nicht an eine Hölle, ich bin dagegen! Ich sage immer, dass wir dorthin zurückgehen, wo wir hergekommen sind. Ich glaube, wir sind dann eingebunden in etwas ganz Grosses, Schönes, und dort wird es sehr friedlich sein.

Sie lehnen das Konzept der Hölle ab. Wie viel Spielraum lässt der Glaube?
Ich glaube, man hat so viel Spielraum, wie man sich selbst zugesteht. Das ist ja auch das Schöne, wenn man die Bibel liest: Es gibt so viele verschiedene Texte und man kann im eigenen Glauben gewisse in den Vordergrund stellen und andere etwas im Hintergrund lassen. Es gibt eine sehr grosse Spannweite, in der man sich bewegen kann. Manche mögen einem dann vorwerfen, man sei nicht besonders fromm. Aber damit ich kann sehr gut leben.

Oft wird Gläubigen auch nachgesagt, sie seien naiv.
Ein Ingenieur sagte kürzlich zu mir: «Glauben tut man einfach dann, wenn man es nicht weiss.» Im Hebräischen hat der Glaube mehr mit dem Wort «Vertrauen» zu tun. Und das ist für mich wichtig. Für mich hat Glauben zu tun mit dem Vertrauen ins Leben und in die Menschen und in etwas, das grösser ist als wir. Und ich glaube, wir sind freiere Menschen, wenn wir an etwas glauben, das über uns hinausgeht, wenn wir nicht nur im Materiellen bleiben.

Was macht das mit uns?
Der Glaube macht es möglich, dass wir über uns selbst hin-

ausdenken können und in unseren Mitmenschen dadurch mehr sehen können als das, was wir im ersten Moment wahrnehmen. Ich glaube, es macht einen offener. Wie ein Raum, der sich auftut und grösser wird. Als könnte man zulassen, dass grosse Dinge geschehen können. Und damit meine ich nicht, dass Gott dann von der Wolke herab zu uns spricht. Sondern viel mehr eine Tiefe, die da sein darf. Auch wenn man sie nicht sieht, nicht festmachen oder gar beweisen kann. Für mich hat es nichts damit zu tun, dass nun Gott oder ein Engel oder was auch immer sichtbar wird. Diese Tiefe ist auch spürbar, wenn wir jetzt zusammen reden. Das ist eine wirkliche Begegnung, wenn wir beide über etwas reden, das uns sehr wichtig ist. Dann ereignet sich schon etwas von diesem ganz Grossen. Das ist diese Tiefe. Das ist unglaublich schön und mehr muss es gar nicht sein.

Gibt man als gläubige Person nicht auch etwas die Verantwortung ab?
Nein, ich gebe die Verantwortung für mein Leben nicht ab, im Gegenteil. Ich finde, Vertrauen ins Leben zu haben, bedeutet auch, Verantwortung zu übernehmen. Und ich finde es zwingend, das wirklich zu tun. Ich kann nicht einfach sagen: «Ach, ich lerne jetzt nicht für diese Prüfung, Gott wird es dann schon richten.» Gott oder Jesus kommt nicht hierher und schreibt die Prüfung für mich. Das ist natürlich ein kleines Beispiel, aber es geht auch in die Frage hinein: Warum gibt es Krieg, wenn es einen Gott gibt? Gott ist kein Zauberkünstler, der hier auf der Erde alles richtet. Wir sind als freie und verantwortungsvolle Wesen gedacht. Aber ich finde, wir dürfen Vertrauen haben, dass der Mensch grundsätzlich etwas Gutes in sich trägt und

dass wir einen Kern haben, der mehr ist als das, was wir sehen. Das ist Vertrauen ins Leben. Das bedeutet zu glauben für mich eben auch.

Wie haben Sie zum Glauben gefunden?
Meine Mutter und eine Tante haben stets viel gebetet mit mir und ich hatte schon immer ein starkes Urvertrauen ins Leben. Es ist mir gelungen, dies bis zu einem gewissen Grad zu erhalten. Natürlich hat mein Glaube sich sehr verändert, der Inhalt der Gebete und auch die Vorstellungen, die damit verbunden sind. Aber es ist nicht so, dass mein Glaube immer verlässlich war. In Zeiten, in denen es mir richtig schlecht ging, habe ich diese Verbindung nicht mehr gespürt.

Haben Sie mit dem Glauben gehadert?
Nein, nicht gehadert, viel extremer: Ich hatte den Glauben verloren! Und das passiert leider vielen Menschen. Dass ihnen genau dann, wenn es ihnen schlecht geht, der Glaube verstellt ist, dass sie die Verbindung nicht mehr spüren. Das ist brutal. Aber in solchen Momenten kann die Bibel helfen. Sie zeigt uns, dass wir mit diesem Gefühl nicht allein sind. Etwa in den Psalmen wird oft die Frage gestellt: Wo bist du, mein Gott? Das ist etwas, was vielen Menschen passiert und schon immer passiert ist. Das hat etwas Tröstliches. Und man kann dadurch vielleicht eine Hoffnungsspur behalten, dass es wieder gut kommen wird.

Wie haben Sie wieder zum Glauben zurückgefunden?
Ich bin schon einige Mal aus dem Glauben gefallen und mir hat es stets geholfen, etwas zu tun, das mit dem Glau-

ben verbunden ist, das mich an das Gefühl erinnert, als ich glaubte. Ich habe nach einer längeren Zeit, in der ich kaum in der Kirche war, einen Gottesdienst besucht. Schon allein in diesem Raum zu sein, die Orgel zu hören, das Gesangsbuch in der Hand zu spüren – das ist so ein heimatliches Gefühl für mich, dass es auf einer tiefen Ebene andockte. Daraus kann dann wieder ganz vieles entstehen, denn man muss beim Glauben ins Erleben kommen. Mein Glaube sitzt sicher nicht im Kopf! Wenn man in der Natur ist und staunt, ist das ein Erleben, nicht ein Denken. Ich gehe oft im See schwimmen und das bringt mich in einen Zustand, in dem ich mich total verbunden fühle. Natürlich kann man alles rational erklären, etwa dass durch die Bewegung Glückshormone ausgeschüttet werden. Das kann man bei der Liebe auch: alles rein hormonell. Aber die beiden Dinge können doch nebeneinanderstehen. Vielleicht ist ein physiologischer Vorgang beteiligt, irgendwelche Botenstoffe. Und gleichzeitig kann ich das Erleben auch mit meinem persönlichen Weltbild verbinden. Mit etwas Grösserem, das mir guttut, woran ich mich festhalten kann. Ich finde sowieso das Ausspielen der Wissenschaft gegen den Glauben oder auch gegen die Bibel sinnlos. Die Bibel ist eine Sammlung von Texten, die uns etwas sagen wollen, aber es handelt sich nicht um einen naturwissenschaftlichen Bericht. Das ist eine Überlieferung, von der ich nicht glaube, dass sie sich genau so zugetragen hat, und trotzdem kann sie mir so viel geben. Wissenschaft und Religion können koexistieren. Ich mache gerade meinen Master in Psychologie und beschäftige mich mit furchtbar vielen Fakten und Statistiken. Aber das greift mich ja in keiner Weise in meinem Vertrauen in Gott an.

Wurden Sie aufgrund Ihres Glaubens schon angegriffen?
Ich muss mich schon immer mal wieder verteidigen. Etwa im Spital, bei der aufsuchenden Seelsorge, reagieren gewisse Patienten sehr barsch und abwehrend. Das fungiert natürlich oft auch als Ventil für eine Wut, die andere Gründe hat. Aber einige sind durchaus davon überzeugt, das Christentum sehe alles eng und negativ und ich würde bloss kontrollieren, ob man sich auch richtig verhalte. Als erlaube der Glaube nur einen ganz schmalen Grat, auf dem man gehen kann, total lebensfeindlich. Für mich ist der Glaube aber genau das Gegenteil davon: Er macht das Leben lebendiger! Und das erwarte ich auch von jeder Art von Spiritualität. Dass sie das Leben lebendiger macht, dass wir mehr sehen und wahrnehmen können, dass mehr Tiefe entstehen kann.

Und man dadurch glücklicher ist?
Zu einem gewissen Grad schon, ja. Ich finde so schön, dass im reformierten Glauben die Gewissheit im Zentrum steht, dass wir geliebt werden, genauso, wie wir eben sind. Was ja nicht bedeutet, dass wir jetzt jeden Mist machen sollen. Aber das Wissen darum, dass grundsätzlich das Ja von Gott da ist, finde ich einen unglaublich befreienden Gedanken. Und diese Grundhaltung kann das Leben verändern.

MIRJAM HAYMANN

«Das Yoga hat meinen jüdischen Glauben ergänzt»

Mirjam Haymann, *1985, studierte Jus, bevor sie sich als Yogalehrerin selbstständig machte. Yoga und ihr jüdischer Glauben bilden die Grundpfeiler ihrer spirituellen Praxis. Sie ist verheiratet, Mutter von drei Kindern und lebt in Zürich.

Seit ich klein war, gehöre ich vielen Gruppierungen an und bewege mich in unterschiedlichsten Milieus. Auf meiner Hochzeit war das ganz eindeutig erkennbar am Mix der Gäste: ultragläubige Menschen, Atheisten, Yogis, Künstler, superkonservative Multimillionäre – das ist mein Leben.

Meine Mutter ist Jüdin, ihre Eltern lebten in Ungarn. Meine Grosseltern überlebten beide das Konzentrationslager und lernten sich nach diesen schrecklichen Erlebnissen kennen. Später flüchteten sie mit ihren beiden Kindern, also auch mit meiner Mutter, in die Schweiz. Mein Vater war katholisch und ist erst zum Judentum übergetreten, als ich schon erwachsen war. Wir hatten in meinen ersten Lebensjahren darum hin und wieder – neben der Chanukkia, der typisch jüdischen Leuchte mit neun Kerzen – einen Weihnachtsbaum zu Hause. Trotzdem war es bei uns nicht gleich wie bei den Kindern in der Schule, aber was genau anders war, verstand ich nicht so ganz. Ich erinnere mich daran, wie ich in der Primarschule einmal eine Zeichnung nach Hause brachte, auf die ich geschrieben hatte: «Wir feiern Chanukka, das ist ein ungarisches Fest.» Chanukka ist ein jüdisches Fest und hat überhaupt nichts mit Ungarn zu tun! In diesem Moment wurde meiner Mutter bewusst, was für ein Chaos bei mir herrschte.

Damit ich nicht nur spüre, wo ich nicht ganz dazugehöre, sondern vor allem auch merke, wo ich ganz dazugehöre, schickte mich meine Mutter dann in den jüdischen Jugendbund. Man kann sich das in etwa wie die Pfadi vorstellen. Man verbringt sehr viel Zeit draussen, liest aber auch viel und diskutiert philosophische, politische und gesellschaftskritische Fragen. Ich bin darin aufgegangen und meine jüdische Identität hat sich dadurch gefestigt. Ich habe gemerkt, dass ich nicht die Einzige bin, die anders ist als die andern. Ich habe Menschen kennengelernt, die sich ebenfalls als Minderheit gefühlt haben. Diese Erkenntnis war prägend für mich. Ich lernte, meine Herkunft zu verstehen und habe im Jugendbund angefangen, mich klar als jüdisch zu identifizieren.

Im Gymnasium bin ich dann regelrecht aufgeblüht – davor war ich ein sehr stilles und schüchternes Kind. Ich fand tolle Freunde, habe angefangen zu kiffen und ging in den Ausgang. Doch mit all dieser Aufregung und Unruhe entwickelte ich auch Ängste. Mit fünfzehn Jahren machte ich eine Psychotherapie, dafür habe ich mich nie geschämt, in meiner Familie war dies das Normalste der Welt. In derselben Zeit lernte ich auch meinen Rabbiner kennen, der mittlerweile leider verstorben ist. Er bot damals einen Kurs für Jugendliche an, der mir enorm viel Halt gegeben hat. Wir durften bei ihm tun, was wir wollten. Eine Schülerin ist zum Beispiel immer eingeschlafen. Er fand das okay, weil er der Meinung war, dass es wohl das war, was sie gerade brauchte. Wir durften dort essen, wenn wir hungrig waren, oder telefonieren, die Füsse auf den Tisch legen und vor allem alle Fragen stellen, die wir hatten.

Auch sehr kritische Fragen zum Judentum. Ich habe es geliebt und es hat sich dann ergeben, dass ich zusammen mit einer meiner besten Freundinnen jahrelang bei diesem Rabbiner gelernt habe. Er war ein Mystiker und hat das Judentum sehr spirituell ausgelegt. Es gelang ihm, auch Geschichten fern unserer Realität, bei denen sich viele in unserem Alter abgewendet hätten, mystisch, spirituell und spannend zu erklären. Wir hätten uns nicht zufrieden gegeben mit irgendwelchen banalen, zu einfachen Antworten. Etwa erklärte er uns zum Auszug aus Ägypten, dass der der Name «Mizraim», also

Ägypten, in der Bibel nicht für das konkrete Land steht, sondern für die Enge. Der Auszug war also die Befreiung des Volks aus der Enge. Aufgrund dieser Geschichte konnten wir uns die Frage stellen, wo wir selbst noch eingeengt sind, wovon wir uns befreien wollen. So wurden diese Erzählungen total relevant für uns persönlich. Damit konnten wir als Teenies etwas anfangen. Er gab uns – wie das im Judentum auch typisch ist – verschiedene Auslegungen an die Hand, auf der literarischen, psychologischen und spirituellen Ebene.

Meine Furcht damals beinhaltete mitunter grosse Angst vor dem Sterben. Die tiefen, existenziellen Fragen waren bei mir schon früh präsent. Ich schrieb meine Maturaarbeit zum Thema «Angst vor dem Tod», eine rein philosophische Arbeit. Ich konnte mich extrem mit der Terminologie des Philosophen Martin Heidegger identifizieren. Er beschreibt das Leben als «ungefragt in diese Welt geworfen worden zu sein». Niemand weiss, was wir hier eigentlich sollen. Das Gefühl, als würde einem der Boden unter den Füssen weggezogen, als hinge man im luftleeren Raum, und das ist dann unser Leben. Das hat bei mir damals Ängste ausgelöst und Fragen aufgeworfen wie: Woher komme ich? Wohin gehe ich? Was soll das alles? Ist das alles nur eine Illusion? Diese Fragen spüre ich noch heute sehr tief.

Für mich sind die spirituellsten oder religiösesten Momente jene, in denen ich nicht das Gefühl habe, hier zu Besuch zu sein, sondern wenn ich spüre, dass ich Teil dieser Welt bin. Also genau das Gegenteil der «Geworfenheit», nämlich das Gefühl von Zugehörigkeit. Dass ich Teil der Natur bin, eins mit der Luft, mit den Bäumen und den Steinen. Diese Verbundenheit erlebe ich durch das Yoga. Denn Yoga hat eine Komponente, die vielen Religionen fehlt, weil sie so verkopft sind: das Körperliche, mit dem physischen Körper im Leben zu stehen, mit meinen Beinen, mit meinen Füssen, mit dem Atem. Ganz materialistisch. Dadurch kann ich mich daran erinnern, dass ich Teil dieser Welt bin. Dass ich nicht irgendwo in der Luft schwebe. Wenn ich meinen Kopf mit dem Körper verbinde, kann ich mich in der Ruhe, die aus dieser Verbindung entsteht, daran erinnern, dass ich zur Schöpfung, zu diesem enormen Wunder, dazugehöre.

Yoga hat meinen Glauben ergänzt. Das Judentum ist für mich auch eine Herkunft, nicht nur eine Religion. Das ist mitunter das Komplexe daran, es ist auch eine Volkszugehörigkeit. Hinter dem Judentum und dem Yoga steckt eine ähnliche Grundidee: Tu die richtigen Sachen, dann wirst du immer wieder Momente der Erleuchtung erleben. Aber das ist halt ein Wort, das bei vielen Leuten seltsame Bilder erzeugt. Erleuchtung ist vielleicht, dass man morgens um vier aufsteht und einen Berg besteigt. Wenn man dann oben ist, geht die Sonne auf und man erlebt einen Moment von «Wow! Crazy!» und schnappt vielleicht sogar nach Luft vor lauter Staunen. Man ist bei sich, man ist im Körper, man ist Teil vom Ganzen. Auch das kann ein Moment der Erleuchtung sein. Und der verschwindet danach wieder. Die Frage ist: Wie gelingt es uns, im Alltag solche Momente zu erleben? Wenn wir nicht jeden Tag den Sonnenaufgang von einer Bergspitze aus betrachten können?

Die Struktur ist ein inhärenter Teil des Yoga und im Judentum sind Gesetze ein inhärenter Teil. Es geht weniger darum, was oder wie man sich gerade fühlt. Man ordnet sich der Struktur unter. Beim Yoga sind es die Asana, die Positionen.

Das Repetitive, das man macht und wiederholt, egal ob man jetzt Bock hat oder nicht. Nicht den Krieger II einfach anders macht, weil es in dem Moment gerade etwas angenehmer ist.

Im Judentum sind die Gesetze das Pendant dazu. Ich halte in meinem Alltag nicht besonders viele von ihnen ein, darum lässt sich darüber diskutieren, wie religiös ich lebe. Aber ich sehe einen grossen Wert darin, gewisse Strukturen beizubehalten, damit diese gefüllt werden können mit einem spirituellen Erleben. Das passiert nicht immer, aber zumindest ist das Gefäss da. Und weil ich das Gefäss bereitstelle, passiert das spirituelle Erleben öfter, als wenn ich das Gefäss nicht bereitstellen würde. Ein Beispiel aus unserem Familienalltag: Wir halten nicht Sabbat, aber wir halten uns den Freitagabend immer frei. Wir zünden zwei Kerzen an, wir sagen einen Segensspruch über das Brot und den Wein. Es ist ein Moment, den wir zusammen als Familie erleben und in dem wir Wertschätzung und Demut zeigen vor einfachen Dingen wie Brot, Wein und Licht. Und natürlich sind am Freitagabend oft alle müde und wütend und es wird geschrien – aber wir ziehen das durch. Und manchmal ist es wirklich nur dieser ganz kurze Moment des Segensprechens. Aber sehr oft entsteht auch etwas daraus. Auch wenn nur ein kleiner Funke gezündet wird und ich noch ein Gebet spreche für meine Freunde, meine Eltern oder Schwiegereltern. Das würde nicht passieren, wenn wir nicht jeden Freitag dieses Ritual einhalten würden, ob uns nun danach ist oder nicht.

Strukturen geben uns Halt. Denn woran hält man sich sonst fest, wenn man – wie ein grosser Teil der Schweizer Bevölkerung – alles haben und machen kann? Was ist dann stabil, wenn man alles wählen, alles auswechseln, alles wieder fallen lassen und einfach wieder neu anfangen kann? Darum ist es wertvoll, für sich eine Struktur aufzubauen, die sich nicht danach richtet, ob man Lust hat oder nicht. Man verrichtet diese Dinge im Vertrauen, dass sie einem helfen. Und daran muss man sich dann auch halten, wenn man sich nicht danach fühlt. Es geht nicht darum, dass man durch Unangenehmes hindurchgehen muss, um sich zu bestrafen. Sondern um sich daran zu erinnern: Auch wenn unangenehme Dinge passieren, bleibt ein tiefer Kern in mir gleich, daran ändert sich nichts. Ich kann meine Kraft spüren und das Äussere, das Unangenehme definiert mich nicht, es ist lediglich ein Teil meines Lebens. Laufen wir aber immer davon, sind wir total fremdbestimmt von aussen. Mir geben auch die Gebete, die ich oft nach meiner Yoga-Praxis am Morgen spreche, viel Halt. Es ist Wahnsinn, wie viel Spiritualität darin liegt, einfach kurz innezuhalten und das Wunder dieser Welt wahrzunehmen. Ein Gefäss dafür zu haben, hilft mir, mich überhaupt an diese Gefühle und dieses Staunen zu erinnern und dadurch für einen Moment aus dem alltäglichen Hamsterrad herauszukommen.

Ich lebe also in dem Sinne nicht so religiös, weil ich nur einige der Gesetze einhalte, aber ich sehe absolut den Sinn dahinter. Wir essen zum Beispiel kein Schweinefleisch. Es gibt keinen rationalen Grund dafür. Für mich ist das Gesetz bloss da, um mich daran zu erinnern, dass gewisse Dinge über mir stehen, über meinem Verstand. Ich bin nicht zuoberst, mein «Ich» steht nicht über allem. Mich diesen Strukturen zu fügen, ist ein kleiner Akt von Demut.

Und dabei habe ich keine Ahnung, ob ich überhaupt an etwas glaube! Das finde ich das Erleichternde am Judentum: Das ist okay. Ich kann jedem Rabbiner sagen: «Ich glaube nicht an Gott.» Denn darum geht es gar nicht in erster Linie, sondern darum, für welche Handlung du dich entscheidest. Es geht mehr um das, was du tust und mit welcher Absicht, als was du dabei fühlst, ob du es gut findest oder gerade zweifelst. Ich verstehe sowieso alle Leute, die am Glauben zweifeln. Ich habe selbst die grössten Zweifel!

Aber es nervt mich, wenn es heisst, der Religion wegen würden Kriege geführt. Ich sehe, dass es grosse Probleme gibt mit religiösen Minderheiten, aber es gibt im Menschen einen gewissen Hang zum Fanatismus. Das zeigt sich auch im Nationalsozialismus, im Kommunismus, im Kapitalismus – ich glaube nicht, dass diese Probleme religionsabhängig sind, sondern menschenabhängig. Es gibt die Probleme und Herausforderungen in der Religion, keine Frage, aber ich sehe eben auch die schönen Seiten. Etwa wie sich die religiöse Community um meinen hilfsbedürftigen Onkel kümmert, ist beeindruckend. Es ist leicht zu sagen, die Religionen sind die bösesten von den Bösen. Aber die Gesellschaft sorgt sich oft nicht so umeinander, wie ich das dort beobachte. Wir sind alle super individualistisch und wenn ich nicht genau das zu essen bekomme, was ich wirklich mag, gehe ich lieber nicht zu jemandem nach Hause zum Abendessen und verzichte deswegen auf die Gemeinschaft. Weil die eigenen Bedürfnisse immer zuerst kommen! Dieses ständige Hinterfragen: Ist das jetzt gut oder schlecht? Wie fühle ich mich gerade? War das richtig, was ich gegessen habe? Wie fühlt sich das in meinem Bauch an? Wie werde ich auf Instagram wahrgenommen? Das ist so viel ich, ich, ich! Und ich bezweifle, dass uns das guttut.

Dieser Individualismus ist im Yoga stark verbreitet und dagegen wehre ich mich, auch in meinem Yogaunterricht. Die

Leute sollen bei mir für eine Stunde oder 90 Minuten für einmal davon wegkommen, was sie gerne machen wollen. Das ist eine grosse Diskussion unter Yogalehrenden. Manche sagen, so sei das keine spirituelle Praxis mehr, sondern nur dann, wenn man ganz fest auf sich selbst hören kann. Aber das kann meiner Meinung nach regelrecht zu einer Achtsamkeitsneurose führen. Darum ist für mich genau dieses Beiseitelegen des Egos Teil der spirituellen Praxis, wenn man einfach einmal macht, was einem gesagt wird. Das bedingt natürlich, dass man eine vertrauenswürdige Lehrperson gefunden hat.

Das ist das eigentlich Erlösende einer Yogastunde: Dass man rauskommt aus den eigenen Geschichten. Und nicht, indem man dumpf in das Handy starrt, sondern indem man sich mit dem eigenen Körper verbindet. Ohne Handy, ohne Musik in den Ohrstöpseln, ohne Film, während man auf dem Laufband rennt. Nur die Matte und der Körper. Und dann die Ruhe findet durch die Konzentration, durch den Fokus. Das Nervensystem fährt runter, aber gleichzeitig spüre ich meine Kraft. Indem ich jemandem folge – nicht idealistisch, nicht politisch –, sondern nur, wie viele Sonnengrüsse ich mache oder ob ich zuerst einen Krieger II oder ein Trikonasana mache – dadurch nehme ich für einen Moment Abstand vom lauten Kopf, was ich mag, was ich nicht mag. Oft habe ich nach dem Yoga eine andere Sicht auf das Leben. Ich beobachte das auch bei meinen Schülerinnen und Schülern: Wenn sie kommen, sind sie gestresst, sie haben Mühe, die Augen zu schliessen und still zu sitzen. Dann bewegen sie sich eine Stunde lang und am Ende sitzen sie seelenruhig auf ihrer Matte. Manche Dinge, über die man sich davor noch total genervt hat, sind nicht mehr ganz so schlimm, und man spürt wieder Kraft, Freude und Liebe. So kann Yoga auch längerfristig etwas bewegen.

Als ich mit meinen Ängsten zu kämpfen hatte, fürchtete ich mich wie gesagt wahnsinnig vor dem Tod. Mein Therapeut sagte zu mir: «Stell dir vor, du bist ein Baum und stehst im extremen Wind. Der Wind repräsentiert deine Angst vor dem Sterben oder das Sterben selbst. Du hast Angst, der Wind könnte dich umhauen und suchst ständig den Schalter, um ihn auszuschalten. Du wirst den Wind aber nie abstellen können. Das Einzige, was du tun kannst, ist deine Wurzeln zu stärken.»

Und auf einmal wurde mir bewusst, dass ich mich auf dem Boden – also quasi nahe den Wurzeln – extrem wohl fühle. Ich verstehe alle die Kulturen, die so viel Zeit auf dem Boden verbringen. Mein Therapeut empfahl mir, Yoga oder Pilates auszuprobieren. Tatsächlich war es beim Yoga Liebe auf den ersten Blick. Kurz darauf bin ich nach Hongkong gezogen und habe dort meinen prägenden Yogalehrer kennengelernt. Lehrende und Vorbilder spielten immer eine grosse Rolle in meinem Leben: Mein Rabbiner, mein Philosophielehrer, meine Yogalehrer. Heute ist das Wort «Guru» verpönt. Zu Recht, Machtmissbrauch ist ein Problem. Aber auch hier: Machtmissbrauch ist kein Problem der Religion, der Spiritualität oder des Yoga, sondern ein menschliches Problem. Beziehungen zu Lehrenden müssen immer hinterfragt werden.

Ich hatte diesbezüglich einen guten Boden durch das Judentum: Denn das Judentum erlaubt einem ja, alles in Frage zu stellen. Man folgt nicht blind, der Zweifel und die Debatte ist ein integrer Teil der Religion. Genau der Zweifel fehlt aber oft, denn viele Leute, die suchen, suchen etwas Absolutes. Darum haben sehr viele jener Gurus oder Yogalehrenden Erfolg, die so tun, als gäbe es tatsächlich etwas Absolutes. Die Leute streben dorthin und hoffen, die Erlösung zu finden. Aber es gibt keine Erlösung vom Menschsein. Und auch Momente der Erleuchtung werden immer Momente bleiben. Ich will nicht vorleben, dass, wenn man Yoga macht und diesen Weg geht, man nachher angstfrei, ohne Stress oder Wut oder in irgendeiner Form erlöst ist. Das ist einfach nicht der Fall. Aber wir können – durch das Yoga oder durch den Glauben – Wege finden, einen Boden zu schaffen, auf dem man sich immer wieder fangen kann, damit das Leben tendenziell etwas leichter fällt. Aber das ist ein Problem einiger spirituell Lehrenden: Sie versprechen zu viel und verzweifelte Menschen sind dem zugewandt. Menschen wünschen sich klare, einfache Antworten, in einer Welt, in der es die nicht gibt.

Etwas vom Wichtigsten hat mir mein Rabbiner kurz vor seinem Tod mit auf den Weg gegeben. Er sagte: «Denke daran, viele spirituelle Leute verfallen in eine Schwere, alles wird plötzlich gedeutet und sie sehen in allem etwas, jedes kleinste Detail wird bedeutsam.» Und er riet mir: «Bleibe leicht und behalte unbedingt deinen Humor! Nimm nicht alles so ernst.» Das war für mich eine sehr wichtige Lektion. Am Ende sind wir doch alle auf der Suche und niemand weiss mit Sicherheit, was denn nun wirklich ist oder nicht. Wir dürfen alle Fehler machen, wir dürfen über uns lachen und eine Leichtigkeit und eine Offenheit für das Nichtwissen beibehalten.

MANUEL SCHMID

«Das Göttliche liegt nicht in uns»

Manuel Schmid, * 1976, war viele Jahre Pastor bei der Freikirche ICF. Heute ist er Mitglied beim reformierten Onlinenetzwerk RefLab, das im Auftrag der Zürcher Landeskirche unter anderem einen Blog betreibt, Podcasts produziert und Events organisiert. Er ist verheiratet, Vater von zwei Kindern und lebt in Basel.

Warum glauben Menschen?
Ich nehme Menschen so wahr, dass sie ohne metaphysische Orientierung nicht auskommen. Und ohne die grossen Fragen für sich zu beantworten. Es ist extrem schwer, ihnen auszuweichen. Irgendwann holen die Fragen dich ein, egal ob du dann nachts aufwachst und nicht mehr einschlafen kannst, oder nach einem Zerwürfnis die Teile deines Lebens zusammensammelst oder dich im komplett berechenbaren Trott des Alltags fragst: «Dreht sich das jetzt für immer so weiter oder steckt mehr dahinter?» Wir haben sicher extrem viele Möglichkeiten, diese Fragen zu verdrängen. Wir könnten ja schon allein zehn Lebensspannen ausschliesslich auf Netflix verbringen. Wir leben in einer Ablenkungsgesellschaft, die ganz viele Gelegenheiten bietet, jede aufbrechende Sinnfrage sofort mit Katzenvideos wieder zuzumüllen. Aber die Fragen lassen sich langfristig nicht abschütteln. Wer ihnen strategisch ausweicht, bringt etwas Wichtiges in sich zum Verstummen und schaut irgendwann im Spiegel einer Person in die Augen, die er selber nicht mehr kennt. Oder wie der Medienwissenschaftler Neil Postman gesagt hat: «Uns ist eine Art von Bewusstsein aufgebürdet, die darauf besteht, dass unsere Existenz einen Sinn hat.»

Man kann das Leben doch auch rein wissenschaftlich begründen und erklären.
Das kann man sich schon so zurechtlegen und ich kenne viele Leute, die ganz stolz einen naturwissenschaftlichen, materialistischen oder naturalistischen Realismus vertreten. Bloss nehme ich das denen keine Sekunde ab. Natürlich kann man das vertreten und das kann auch ehrenhaft sein, ich glaube

aber nicht, dass es irgendjemanden gibt, der im Alltag mit einer solchen Perspektive leben kann.

Sie meinen, nicht glücklich oder zufrieden leben?
Nein, man kann so überhaupt nicht leben. Das ist eine Perspektive, in der man nicht leben kann, ohne sie mehrmals täglich zu verlassen. Du kannst nicht am Morgen aufstehen, dem Sonnenaufgang entgegen spazieren, die Wärme auf der Haut spüren, die Vögel zwitschern hören, ohne zu denken: «Fuck, das Leben ist irgendwie gut!» Und dieses Gefühl ist doch grösser als blosse Naturwissenschaft! Man kann natürlich sagen, der Himmel ist rot und orange, weil das Licht sich bricht, und die Vögel kommunizieren durch das Zwitschern und im Körper wird jetzt Endorphin und Serotonin ausgeschüttet, das diese Gefühle auslöst. So kann man ja auch die Verliebtheit erklären. Aber wenn man durch einen Eingriff in den Hormonhaushalt dieses Gefühl einfach auslöschen könnte, würde man dem kaum zustimmen. Und damit gibt man zu, dass man von etwas ergriffen wird, das grösser ist als Wissenschaft.

Viele Gläubige sagen, das Göttliche liege in uns.
Ich glaube das nicht. Ich glaube, dass Religion und Glaube uns einnimmt. Natürlich passiert etwas in uns drin, aber der Anstoss, das, was uns überzeugt oder nicht mehr loslässt, ist nicht etwas, das in uns drin ist. Und letztlich liegt es auch nicht in unserer Hand. Gerade in der modernen Spiritualität wird stark danach gesucht, man probiert hier und da ein bisschen, findet alles spannend, Buddhismus, jüdische Mystik, Sufismus. Daran ist nichts schlecht, aber schlussendlich ist es nicht möglich, sich selbst einen Glauben zusammenzustellen. Denn

der Glaube ist per Definition etwas, das uns trägt. Wir können unser Fundament nicht selbst bauen.

Soll man also nicht suchen, sondern einfach warten?
Natürlich kann man entdecken, mit Leuten reden, Traditionen auschecken – und es täte vielen gut, einmal über ihren Tellerrand hinauszublicken. Aber das, was bleibt, lässt sich nicht zusammenbauen, es ist eine Erfahrung. Wir sind Resonanzkörper für das Göttliche, das von aussen kommt. Es unterliegt nicht unserem Willen, ob wir diese Erfahrung machen oder nicht. Wir können aber die Bedingungen für die Erfahrung verbessern, indem wir etwa das Handy ausschalten, spazieren gehen, uns Gedanken zu den grossen Fragen machen. Aber wir können die Erfahrung nicht aktiv herbeiführen. Für mich ist diese Erkenntnis übrigens gar nicht selbstverständlich. Ich komme aus einer sehr konservativen evangelikalen Tradition, die genau das Gegenteil vertritt.

Wie sind Sie aufgewachsen?
In bin in einem sehr gläubigen, freikirchlichen Elternhaus gross geworden. Wir haben jeden Tag mehrmals gebetet, zu jedem Essen, vor dem Zubettgehen, vor langen Autofahrten und so weiter. Jeden Sonntag haben wir gemeinsam den Gottesdienst besucht und täglich in der Bibel gelesen. Das ganze Leben war sehr religiös aufgeladen. Ich habe das als Kind nicht als negativ oder zwanghaft erlebt, sondern verbrachte eine schöne Kindheit. Ich kenne andere Leute, deren Eltern jeden Abend kontrolliert haben, ob die Seiten in der Bibel umgeblättert waren, ob sie auch wirklich gelesen haben. Manche sind davon bis heute traumatisiert. Das habe ich zum

Glück nicht erlebt, auch wenn ich mit einer sehr präsenten Frömmigkeit aufgewachsen bin.

Wie hat sich diese Frömmigkeit sonst noch geäussert?
In der freikirchlichen Szene dreht sich alles um die persönliche Bekehrung. Jesus kämpft um dein Herz, er will bei dir einziehen und du musst dich für ihn entscheiden. Das bringt sehr fragwürdige Folgeerscheinungen mit sich, etwa wenn man Kinder im Alter von fünf oder sechs Jahren dazu bringen will, sich für Jesus zu entscheiden. Da wird manchmal viel Druck ausgeübt. Ich bin mit dem Mindset aufgewachsen: Du wirst nur Christ, du wirst nur gläubig und du wirst auch nur gerettet, wenn du dich aus freien Stücken für Gott entscheidest.

Aber es ist doch keine freie Entscheidung, wenn einem droht, sonst nicht «gerettet» zu werden?
Genau, oft spielen Manipulation und Angst auch eine Rolle. Ich kenne Leute, die sagen: «Ich bin nur Christ, damit ich der Hölle entkommen kann.» Das ist natürlich kompletter Bullshit und funktioniert überhaupt nicht, genau so wenig wie das mit der erzwungenen Entscheidung. Sicher hat die Vorstellung einer Bekehrung durch persönliche Entscheidung insofern ihre Berechtigung, dass man sich für Transzendenz, für Gott, immer wieder bewusst öffnen muss. Man kann sich dem auch verschliessen, man kann Erfahrungen machen und ihnen keinen Wert beimessen. Damit etwas in Schwingung kommt, muss man sich öffnen. Und manchmal wird man auch überrumpelt.

Wie meinen Sie das?
Manche Leute erleben einen plötzlichen Bekehrungsmoment.

Sie sind atheistisch aufgewachsen oder kehrten Gott irgendwann den Rücken und wollten nie mehr etwas mit ihm zu tun haben. Und dann erzählen sie, wie ihnen eines Tages Jesus begegnet ist. Dass das passiert ist, war keine aktive Entscheidung, die Person hat diesen Moment nicht geschaffen, diese Erfahrung nicht kreiert. Es ist vielmehr etwas, das der Person begegnet, was sie gewissermassen von aussen einholt, und dem sie sich dann hingibt – und gläubig wird.

Viele gläubige Menschen bitten Gott um Unterstützung. Tritt diese Hilfe nicht ein oder passiert dennoch etwas Tragisches, fallen sie dann nicht tiefer als ein Atheist, der nicht an eine allmächtige, beschützende Kraft glaubt?

Ja, es kann passieren, dass der Glaube an der Realität und am Schmerz des Lebens Schiffbruch erleidet. Ich will nicht behaupten, dass es eine Form des Glaubens gibt, die ungeachtet all dessen, was einem passiert, wie ein Fels in der Brandung stehen bleibt. Aber ob der Glaube Bestand hat oder nicht, hat mit dem Gottesbild zu tun. Eine toxische und gefährliche Vorstellung, die in den Freikirchen stark verbreitet ist, funktioniert zum Beispiel nicht: Alles läuft nach einem grossen Plan, den Gott fest im Griff hat. Er kann auf Knopfdruck alles regeln, tektonische Platten zusammenhalten, damit es kein Erdbeben gibt, Kinder von der Strasse reissen, damit der Lastwagen sie nicht überfährt.

Weil solche Dinge passieren.

Ja genau, weil diese Vorstellung der Realität einfach nicht entspricht. Diese Erwartung eines wunderbaren Lebensplans wird notwendigerweise irgendwann enttäuscht. Und dann zerbricht der ganze Glaube, wenn etwas Schlimmes passiert. Ausserdem führt sie in letzter Konsequenz zu einem schrecklichen Bild von Gott, der alle Leiden und Schrecken dieser Welt immer schon geplant hat. Ich verstehe Gott nicht mehr als allmächtige Kraft, die an allen Schaltern sitzt.

Was glauben Sie stattdessen?
Ich habe das alternative Verständnis, dass Gott eine Schöpfung, eine Welt, ein Universum ins Leben gerufen hat, das eine Eigendynamik und auch eine Eigenverantwortung hat. Sie wird nicht von Gottes eisernem Willen minutiös gelenkt. Er hat eine Welt geschaffen, in der ein dynamischer, kreativer Prozess entsteht, aber auch ein Prozess, der Leid generiert. Ich würde allerdings nie behaupten, dass Gott keinen Einfluss nimmt. Ich verstehe Gott so, dass er überall, in jedem Moment, zu jeder Zeit, in jedem Ereignis versucht, Einfluss auf uns Menschen zu nehmen. Dass er versucht, auf uns einzuwirken, uns für das Gute zu wecken, für das Schöne zu begeistern, für Selbstlosigkeit zu motivieren, und stets probiert, die besten Seiten von uns zu aktivieren, uns zu jenen Menschen zu machen, die diese Welt braucht.

Haben Sie die Existenz Gottes je in Frage gestellt?
Nein, ich kann mich nicht erinnern, dass ich jemals fundamental an Gott gezweifelt habe. Das ist eigentlich eigenartig, denn ich kenne so viele, die das erlebt haben. Auch Pastoren, die eines morgens aufgewacht sind und gedacht haben: «Vielleicht ist das alles Quatsch!» Ich hatte das so nie. Vielleicht auch deswegen, weil ich eben nicht die Vorstellung habe, dass mir wegen meines Glaubens gewisse Dinge nicht passieren

können. Für manche mag diese Idee schon aufgehen, weil tatsächlich ganz schlimme Dinge nur verhältnismässig wenigen Menschen passieren. Folglich gibt es viele Menschen, die ins Grab sinken und denken: «Also für mich ist das mit dem Glauben aufgegangen.»

Hatten diese Menschen einfach Glück?
Ja, riesiges Schwein hatten die! Ich hingegen glaube, es ist nichts zu beschissen, dass es mir nicht auch passieren könnte. Das ist für mich eine Glaubensaussage. Ich habe als Pastor Kinder beerdigt und Mütter am Grab schreien gehört. Da war es für mich offensichtlich, dass es nichts gibt, das einem nicht passieren kann. Und in einem solchen Moment stellen sich die Fragen: Wer ist dann noch bei mir? Was bleibt? Worauf kann ich dann noch bauen? Wenn etwas passiert, das einem derart den Boden unter den Füssen wegzieht, dann kann ich mich nicht mehr auf die Stärke des Glaubens und der Rituale, die ich mir irgendwie zusammengebastelt habe, verlassen. In solchen Momenten muss ich sicher sein, dass Gott meinen Glauben stiftet, dass es etwas gibt, das grösser ist als das, was ich mir in meinem Kopf oder in meinem Herz zusammengedacht habe. Dann bin ich doch darauf angewiesen, nicht ins Bodenlose zu fallen.

Haben Sie jemals etwas so Schlimmes erlebt?
Ja, als ich elf Jahre alt war, hatte meine Familie einen tragischen Autounfall, der mich und mein Verständnis vom Leben massiv prägte. Wir sind auf dem Weg in die Skiferien mit dem Auto abgestürzt. Kurz vor dem Ziel sind wir über einen Abhang gerutscht und 120 Meter einen Steilhang hinuntergestürzt. Als

das Auto noch oben am Abhang schaukelte, bin ich aus dem Auto gesprungen – damals gab es noch keine Kindersitze, nicht einmal Sicherheitsgurte oder Kindersicherungen an der Tür. Ich machte einfach die Tür auf, rollte den Abhang hinunter und fiel in eine Mulde. Das Auto kam nach, knallte auf diese Mulde und rollte dann noch 100 Meter weiter. Mein Bein war ausserhalb der Mulde und das Auto riss es beinahe ganz ab. Ich lag fast ein halbes Jahr im Spital und benötige etwa 25 Operationen, um es wieder anzuflicken. Mein Bruder, der im Auto blieb, erlitt ein Schädel-Hirn-Trauma und ist beinahe gestorben. Er lag einen Monat im Koma und ist seither geistig und körperlich beeinträchtigt. Meine zweijährige Schwester blieb unverletzt.

Was hat der Unfall mit Ihnen gemacht?
Es war für die ganze Familie ein hochtraumatisches Erlebnis, für meinen Vater, der meinen Bruder bewusstlos, aber vermeintlich tot, aus dem Auto gezogen hat, der mich suchen musste und mit abgetrenntem Bein gefunden hat. Als Elfjähriger hat mich das stark geprägt und die Leichtigkeit des Seins ist wohl in diesem Moment verlorengegangen. Das Wissen, dass schlimme Dinge passieren können, hat sich bei mir eingebrannt. Ich bin deshalb kein depressiver Mensch, im Gegenteil, ich bin sehr humorvoll und positiv. Aber das Erlebnis hat meinen Glauben geprägt. Höre ich diese ganze Säuselei von wegen «Wenn du richtig glaubst, wird Gott dich segnen, dich und deine Familie beschützen und dich mit Wohlstand überhäufen», geht bei mir der Bullshit-Alarm los! Es ist keine gesunde Sicht auf den Glauben, wenn man denkt, dass einem schlimme Dinge nicht passieren können, wenn man nur genug glaubt.

Sie waren siebzehn Jahre lang Pastor bei der Freikirche ICF. Wie ist es dazu gekommen?
Ich bin im freikirchlichen Umfeld aufgewachsen und entschied mich deshalb, an einem evangelikalen theologischen Seminar Theologie zu studieren. Im Anschluss habe ich auch noch an der Universität Basel Theologie studiert und promoviert. Bereits während des ersten Studiums habe ich das ICF in Basel kennengelernt. Ich habe das geliebt, die Atmosphäre hat mich gepackt. Die Musik, die Freiheit, das Mitsingen – das hatte eine Ausstrahlung, etwas Leichtes und etwas Lebensnahes. Da durfte einem auch mal ein fauler Spruch rausrutschen.

Aber es ist doch gerade die konservative Einstellung, die den Freikirchen vorgeworfen wird?
Das stimmt, aber ich persönlich habe sie als sehr frei erlebt. Auch weil ich aus noch viel konservativeren Kreisen gekommen bin. Im Vergleich dazu war das ICF eine Insel der Freiheit! Ich bin dort nie angeeckt, ich hatte nie das Gefühl, mir würden moralische Regeln auferlegt. Ich war schon verheiratet – also war etwa das Thema «Sex vor der Ehe» vom Tisch – und ich bin heterosexuell. Im Nachhinein muss ich schon sagen, dass ich es sicherlich nicht gleich toll gefunden hätte, wäre ich schwul gewesen. Aber ich bin dort reingekommen und ich habe nur unendlich viele Möglichkeiten gesehen, mitzuarbeiten und meine Gaben einzusetzen. Ich bekam einen unglaublichen Vertrauensvorschuss: Ich predigte einmal, alle waren begeistert und ich wurde angestellt. Dann stand ich siebzehn Jahre lang fast jeden Sonntag vor mehreren Hundert Menschen auf der Bühne und predigte. Das war für mich eine Riesenchance.

Wie geht es jemandem, der nicht der Ideologie des ICF entspricht?

Schwierig ist es vor allem dann, wenn jemand mit einem anderen Verständnis von moral- und sexualethischen Regeln dazustösst. Diese Regeln werden im ICF stark hochgehalten und wenn man die in keiner Weise mitträgt, wird es schwierig. Aber ich muss auch sagen: Ich habe Hunderte von jungen Menschen gesehen, die dort extrem aufgeblüht sind. Im ICF empfängt man junge Menschen mit offenen Armen und integriert sie sofort, etwa als Sänger und Musikerinnen, die innerhalb kürzester Zeit auf der Bühne stehen dürfen. Das Gemeinschaftsgefühl, zusammen etwas zu erschaffen und zu erreichen, die Leidenschaft, aber auch das Vertrauen – Sechzehnjährige moderieren die Gottesdienste –, das Ausprobieren, den Glauben aneinander, erlebte ich als faszinierende Dynamik. Viele Mitglieder versicherten mir, sie hätten erst im ICF gelernt, an sich zu glauben.

Warum haben Sie das ICF trotzdem verlassen?

Ich fühle mich dem ICF noch immer verbunden und predige als Volunteer auch heute noch ab und zu im ICF Basel. Entscheidend für meine Kündigung als Pastor war eine gewisse Müdigkeit. Ich bin seit zwanzig Jahren leidenschaftlicher Theologe, ich liebe es nachzudenken, Bücher zu verfassen und schliesse gerade eine zweite Dissertation an der Universität in Münster ab. Für diese Dinge blieb im ICF kaum Platz. Ich führte vierzehn Mitarbeitende, predigte jeden Sonntag, manchmal zwei oder drei Mal. Das war auch geil, ich habe weder vorher noch nachher irgendwo gearbeitet, wo so ein hohes Tempo herrscht, wo mit so viel Leidenschaft und Begeisterung gearbeitet wird, wo mit so viel Tatendrang ans Werk gegangen wird. Aber ich spürte, dass ich so nicht alt werden will. Ich hatte gar keine Zeit mehr, wirklich über meine Predigten nachzudenken. Ich hatte immer die Deadline, dass ich am Sonntag wieder auf der Bühne stehe und Hunderte von Leuten mir zuhören werden. Ich musste jedes Mal etwas Neues raushauen, etwas Lustiges, Spannendes, Relevantes, Lebensnahes bringen. Irgendwann merkte ich: Ich habe mein Pulver verschossen!

Fiel Ihnen der Abschied schwer?
Ja, sehr. Aber ich habe die Entscheidung nie bereut, sie war ein wichtiger beruflicher Schritt für mich. Nachdem ich dann ausgetreten war als Pastor, merkte ich, wie sich Erleichterung breitmachte. Auch weil ich plötzlich gespürt habe, dass es innerhalb des ICF weitverbreitete Überzeugungen gab, die ich so nicht mehr teilte. Natürlich denken nicht alle Mitglieder gleich, und es gibt auch unter den verschiedenen ICF-Kirchen ein grosses Spektrum von Positionen – übrigens gerade auch was die queere Community angeht. Und doch gab es an mich als Pastor gewisse Erwartungen, Dinge, die ich hätte predigen müssen, und andere, die ich nicht hätte sagen dürfen, zum Beispiel in Bezug auf Sexualität. Grundsätzlich fühlte ich mich frei, aber ich wusste auch, dass ich leicht Irritationen auslösen konnte.

Und heute?
Ich habe in mancher Hinsicht einen Rollenwechsel vollzogen. Von ganz «links-aussen» beim ICF – wo manche sich gesorgt haben, dass ich auf «liberaler» Seite vom Pferd fallen könnte –

bin ich zum RefLab gekommen, wo ich zumindest anfänglich als Konservativer wahrgenommen wurde. Das war auch eine spezielle Erfahrung. Überhaupt ist es erstaunlich, dass ich jetzt hier bin, meine ICF-Vergangenheit ist eher eine Hypothek in der reformierten Kirche. Viele fanden das nicht nur cool.

Was ist das Ziel des RefLab?
Wir sind eine digitale Kommunikationsschmiede, wir sind das digitale Lagerfeuer der reformierten Kirche Zürich. Das Ziel ist, über beliebte digitale Formate – Podcasts, aber auch Blogbeiträge und Videos – Menschen anzusprechen, die nie in einer Kirche aufkreuzen würden und mit ihnen ins Gespräch zu kommen. Bildungsnahe, kirchenferne und digital affine Menschen. Wir wollen sie dazu anregen, über den Tellerrand zu blicken, und wollen selber auch von ihnen lernen.

Das RefLab soll also Kirchenmitglieder gewinnen?
Nein, wir haben uns von Anfang gegen diesen Anspruch gewehrt. Er ist einfach nicht realistisch, weil die Menschen unserer Zielgruppen sich mit dem traditionellen Modell lebenslanger Kirchenmitgliedschaft sehr schwertun. Man müsste eine andere Art von Commitment finden. Und dass das RefLab jetzt dazu beiträgt, dass sich komplett kirchenferne Menschen plötzlich einem uralten, bürgerlichen System verpflichten, funktioniert sicher nicht.

Warum machen Sie doch weiter?
Bei mir – und ich glaube ich spreche für viele aus dem RefLab – hat das mit einem Sendungsbewusstsein zu tun. Ich bin überzeugt, dass der christliche Glaube, wie er in der Kirche über

Jahrhunderte nicht nur tradiert, sondern auch transformiert wurde, den Menschen unserer Zeit etwas ganz Essenzielles zu sagen hat. Dass auch Menschen, die nicht zum bürgerlich-konservativen Milieu gehören, den Glauben vielleicht sogar verzweifelt nötig hätten. Dass sie erkennen, dass das, was die Jesus-Bewegung angestossen hat und in der Reformation noch einmal ganz neu Fahrt aufgenommen hat, etwas ist, das sie existenziell betreffen und berühren kann. Offensichtlich haben ja die Menschen tatsächlich dieses Orientierungsbedürfnis. Das zeigt nicht zuletzt die Tatsache, dass es in den sozialen Medien unzählige Influencer und Accounts gibt, die mit spirituellen Fragen ringen.

Spiritualität boomt, aber unter ihrem Deckmantel wird auch viel Zweifelhaftes verbreitet. Ist das gefährlich?
Es gibt sicher vieles, das total hanebüchen ist. Aura-Fotografie, Quanten-Heilung, Einhorn-Energien und Steine, in die Sternenstrahlen eingeschlossen werden: Solches Zeug halte ich für Humbug und je nachdem, was den Menschen versprochen wird und wie viel Geld damit gemacht wird, finde ich es auch gefährlich. Auch manche esoterischen Weltanschauungen wirken auf mich zutiefst toxisch, etwa die ganze Ideologie des positiven Denkens.

Können Sie das erklären?
Diese *toxic positivity,* wie ich sie nennen würde, ist total realitätsfremd und gnadenlos. Das zeigen spirituelle Bestseller wie zum Beispiel «The Secret» von Rhonda Byrne, die das «Gesetz der Anziehung» propagiert: Positive Gedanken ziehen notwendigerweise positive Ereignisse an, negative Gedanken

dagegen negative Ereignisse. Das Buch ist, Entschuldigung, komplett hirntot, diese Frau kann keine zwei Gedanken hintereinander denken. Dumm wäre allerdings ja noch verzeihlich, das Buch ist aber mehr als das: Es ist gnadenlos. Es wird sogar noch nachgetreten, insbesondere dann, wenn bei jemandem dieses erfundene Gesetz nicht funktioniert. Man sagt ihnen: «Wenn du natürlich nicht wirklich daran glaubst, dass du den Job bekommst, dass deine Kinder beschützt sind und dass du reich wirst, dann musst du dich nicht wundern, wenn etwas Schlimmes passiert.» Zudem raten die Bücher, man soll sich aus der Gemeinschaft von Leuten verabschieden, die Negativität mit sich bringen, weil die damit negative Ereignisse anziehen und man sich selbst dann ebenfalls kontaminieren würde. So werden jene, die emotional sowieso schon am Boden liegen, mit Füssen getreten, isoliert und allein gelassen. Das ist abgrundtief grausam!

Aber auch im Namen der traditionellen Religionen ist viel Grausames passiert.
Es gibt wohl in allen religiösen Traditionen und in der modernen Spiritualität Ausformungen, die etwas Toxisches haben, etwas Menschen- und Lebensverachtendes und etwas Radikalisierendes, vor allem wenn Macht ins Spiel kommt. Macht ist immer missbrauchsanfällig. Und im Kontext des Glaubens besonders perfide: Wenn du deine Macht zusätzlich unterfüttern kannst mit einem göttlichen Anspruch – also die Menschen davon überzeugen kannst, dass sie sich nicht nur gegen dich wenden, sondern auch gegen Gott –, dann ist der Hebel noch zehnmal länger. Und das ist sehr gefährlich. Aber das ist zum Glück nur eine Seite des Glaubens.

Was ist für Sie die andere Seite?
Für mich macht die Gewissheit, ein geliebter Mensch zu sein, den Glauben zutiefst aus. Das hat natürlich auch viel zu tun mit der Wertschätzung und Annahme, die wir durch andere Menschen erfahren: Gottes Liebe erreicht uns durch unsere Mitmenschen, aber sie geht darüber hinaus. Sie gilt auch, wenn ich mich verlassen, abgelehnt und verzweifelt fühle. Für mich ist das essenziell mit der Menschwerdung Gottes in Jesus Christus verbunden. Das ist für mich mehr als ein Symbol oder ein Sinnbild. Das ist für mich der Moment, in dem sich Himmel und Erde berühren, wenn Gott als Mensch unter Menschen kommt und sich sogar für die Menschen hingibt. Mein Glaube kreist um Jesus und die Menschenliebe Gottes, die darin zum Ausdruck kommt.

Jesus und die Geschichten der Bibel sind für Sie real?
Es ist historisch völlig unbestritten, dass es Jesus gegeben hat, dass er eine Bewegung angestossen hat, die innerhalb weniger Generation das Römische Reich auf den Kopf gestellt hat. Und das ist extrem schwer erklärbar, ohne dass man den Menschen, die das bezeugt haben, ein Stück Vertrauen schenkt – und somit auch den entsprechenden Berichten der Bibel. Für mich ist es wichtig zu wissen, dass damals wirklich etwas passiert ist, dass ich mir das nicht einfach eingeredet habe. Ich glaube den Menschen, die mit ihm gelebt und gesagt haben: Jesus hat etwas Faszinierendes, das uns nicht mehr loslässt, durch ihn ist uns Gott begegnet.

Verstehen Sie die Bibel also wörtlich?
Ich bin tatsächlich mit einem wörtlichen Verständnis der Bibel

aufgewachsen, sogar mit einem sehr steilen Glauben an die absolute Unfehlbarkeit der Bibel. Aber das geht hinten und vorne nicht auf, oder nur mit einem sehr naiven Verständnis wörtlicher Auslegung. Gerade darum haben auch viele Leute ihren Glauben verloren, weil sie gedacht haben, sie müssten daran festhalten, dass die Erde sechstausend Jahre alt ist und in sechs Tagen erschaffen wurde und Noah in der Arche überlebt hat. Diese Sachen verstehe ich unterdessen so, dass ich sehr grosse Interpretationsfreiheit habe. Es sind Narrative, die über Generationen weitergetragen wurden. Und diese Erzählungen haben bis heute eine enorme Kraft, die uns Menschen tief berühren können.

LAMA IRENE

«Der Gedanke an die Vergänglichkeit prägt meinen Tag»

Lama Irene (Dordje Drölma), * 1951, ist eine buddhistische Nonne. Sie ist in der Schweiz geboren und aufgewachsen. Insgesamt verbrachte sie 10 Jahre im Rückzug und lebte 28 Jahre lang in einer Kloster- und Retreat-Gemeinschaft in Frankreich, die sie mit aufgebaut hat. Seit 1995 leitet sie Kurse und Retreats in ganz Europa und Brasilien. Heute lebt sie wieder in Stäfa am Zürichsee.

Beim Buddhismus handelt es sich in erster Linie um einen Erfahrungsweg. Buddha Shakyamuni, der Begründer des Buddhismus, ist eine historisch belegte Person, die vor rund 2500 Jahren in Nordindien gelebt hat. Auffallend ist, dass der Buddhismus «nicht-thesistisch» ist, also dass die Frage, ob es Gott in irgendeiner Form gibt, nicht relevant ist. Darum ist das Wort «Glaube» nicht ganz passend. Es sind die Methoden und Übungen, um Liebe, Mitgefühl und Weisheit zu kultivieren, die den Buddhismus ausmachen. So wird im Zusammenhang mit Buddhismus eher von Praktizierenden und Übenden als von Gläubigen gesprochen.

Ich bin christlich aufgewachsen, teilweise in einer liberalen methodistischen Freikirche. Mit 18 Jahren reiste ich für ein Austauschjahr nach Florida und wohnte dort bei einem Schulpsychologen. In seiner Bibliothek gab es mehrere Bücher über Buddhismus und so bin ich zum ersten Mal mit diesem Erfahrungsweg in Kontakt gekommen. Es war 1969, Woodstock fand gerade statt, überall gab es grosse Demonstrationen gegen den Vietnamkrieg, man läutete das «New Age» ein und riesige Outdoor-Partys wurden gefeiert. Es herrschte eine wahnsinnige Aufbruchsstimmung. Nach meiner Rückkehr in die Schweiz schloss ich das kantonale Lehrerseminar in Küsnacht mit der Matura ab. Später unternahm ich wieder mehrere Reisen in die USA sowie nach Asien. In Lhadak, Kleintibet, hatte ich die ersten «lebendigen» buddhistischen Kontakte. Kaum zurück in der Schweiz, begab ich mich erneut für ein Jahr in die USA, diesmal nach San Francisco. Dort lernte ich unter anderem Tai-Chi, begegnete dem Contact-Dancing und machte eine Ausbildung in Atemtherapie, auch Rebirthing genannt, direkt beim Gründer Leonard Orr. Es war auch die Zeit, in der psychoaktive Substanzen rege genutzt und erforscht wurden. Damit kam auch ich in Kontakt.

Diese vielfältigen Lebenserfahrungen haben mein Interesse am persönlichen Erforschen des Bewusstseins geweckt. So begann mich, die erfahrungsorientierte Vorgehensweise des Buddhismus mit seinen genauen Anleitungen zur Meditation und Kontemplation zu interessieren und anzusprechen. Dabei ging es mir in erster Linie nicht um «den Buddhismus», sondern um das «Menschsein» und vor allem um die Frage: «Welche Möglichkeiten gibt es, ein sinnvolles Leben auf diesem Planeten zu führen?»

Aufgrund der Katastrophe, die der tibetische Buddhismus erfahren hatte – die Besetzung Tibets durch China –, sind viele der grossen, tibetisch-buddhistischen Meister geflüchtet und nach Europa gekommen. Ich hatte das Glück, einigen von ihnen zu begegnen. Sensibilisiert von meinen vorherigen Erfahrungen war ich sehr offen dafür. Dazu gehörte die Begegnung mit Tenga Rinpoche. Seine von Herzensgüte geprägte Präsenz beeindruckte mich zutiefst. Diese Qualität spielt im tibetischen Buddhismus eine sehr grosse Rolle, sie ist eine Wärme allem und jedem gegenüber, alles Lebendige wird eingeschlossen. Es war nur ein kurzes Treffen, aber ein sehr eindrückliches. Es hinterliess ein Gefühl, als würde alles, was mir in der Kindheit gefehlt hatte, getröstet. Meine Bedürfnisse nach Liebe und tiefem Verstandenwerden wurden auf einen Schlag befriedigt. Dadurch wurde bei mir der Wunsch geweckt, mich in meinem Leben – wenn auch nur ein wenig – in diese Richtung entwickeln zu können, um ebenfalls so eine Herzensgüte hervorzubringen.

Dieser Wunsch wurde weiter verstärkt, als ich in einem buddhistischen Zentrum den Bericht eines Rinpoche, Rinpoche ist ein Ehrentitel, las, der während der chinesischen Invasion zusammen mit einigen besonderen Kindern und Jugendlichen – sogenannten Inkarnationen – flüchtete. Sie konnten nur nachts unterwegs sein und tagsüber mussten sie sich verstecken, denn die Flucht aus Tibet war enorm gefährlich. Im Versteck unterrichtete der Rinpoche die jungen Menschen in buddhistischer Ethik, buddhistischem Mitgefühl und Weisheit, umgesetzt in der Tonglen-Meditation, der Praxis des Gebens und Nehmens. In dieser Meditation nimmt man das Leid anderer Menschen entgegen und schenkt ihnen Liebe und Mitgefühl. Sie bauten in einer brutalen Situation kein starkes Feindbild auf, sondern sind mit viel Mitgefühl und Pragmatismus vorgegangen. Das hat mich zutiefst beeindruckt!

Die Begegnung mit Tenga Rinpoche und das Lesen dieses Berichts waren zwei wegweisende Ereignisse. Ich erkannte, dass der tibetische Buddhismus über eine differenzierte Vorgehensweise verfügt, mit der das Bewusstsein und die Herzensentwicklung gefördert und kultiviert werden. Es waren diese Methoden, Kontemplationen und Übungen, die mich beeindruckt hatten. Die Metapher des Kochens wird immer wieder verwendet, um diesen Prozess zu beschreiben. Erfahrene Köche und Köchinnen vermitteln dem Freundeskreis oder im Internet anschauliche und inspirierende Kochrezepte. Diese Inspiration veranlasst einen dann, die Kochanleitung zu beherzigen, die nötigen Zutaten zusammenzutragen und sich in den Kochvorgang zu vertiefen: Es entsteht nährendes Essen! Dieses Bild beschreibt die prozessorientierte Vorgehensweise für den Weg des Erwachens und zeigt auf, wie ausschlaggebend die Begegnung, die Beziehung und der Austausch mit erfahrenen Lehrenden ist.

Die Begegnung mit der Vorgehensweise, die eine authentische «Geistes- und Herzensschulung» aufzeigt, veranlasste 1986 meinen Mann und mich – wir waren frisch verheiratet, er hatte gerade das Medizinstudium abgeschlossen und seine Doktorarbeit geschrieben –, dem gemeinsamen Drang, das Herzens-Bewusstsein vertieft zu erforschen, nachzugehen. Uns wurde ein Rückzug empfohlen und so zogen wir zum Meister Gendün Rinpoche in die Dordogne, Frankreich. Dort bauten wir in einem kleinen Wald eine einfache Blockhütte. Meine Schwiegereltern, vor allem jedoch mein Schwiegervater, der Pastor war, konnte unser Vorhaben nicht verstehen. Dennoch sind wir in den Wald gezogen und wurden von dem Meister Gendün Rinpoche angenommen und unterrichtet. Wir lebten abgeschottet, es gab keine Telefone, bloss hin und wieder Post. Tag für Tag haben wir die hilfreichen Methoden umgesetzt und die sogenannten vorbereitenden Übungen gemacht, um den Geist zu reinigen und seine Flexibilität zu stimulieren.

Durch diesen Prozess wurde immer deutlicher, wie vergänglich alles ist. Die Vergänglichkeit ist ein zentrales Thema im Buddhismus. Das Betrachten der Vergänglichkeit im Groben, im Kleinen, im Äusseren, im Inneren und im ganz Subtilen ist zentral. Es ist das Ziel, sich von fixen Konzepten, Ideen und starren Vorstellungen, die wir so stark verinnerlicht haben, zu lösen. Setzen wir uns nicht mit dieser Vergänglichkeit auseinander, werden wir leicht von plötzlichen Veränderungen überwältigt, die grosses Leid verursachen können. Mir wurde bewusst, wie kurz unsere Lebensdauer hier auf der Erde ist. Unser Meister Gendün Rinpoche sagte: «Alles, was vorher war, also vor unserer Geburt, ist unfassbar lang. Und alles, was nachher kommt, ist genauso unfassbar lang. Und dazwischen ist unser Leben. Das ist so, als würden wir uns einen kurzen Moment hinsetzen und eine Pause machen.» So auf das Leben zu blicken, rüttelte mich zutiefst auf! Mir wurde deutlich, dass es bei der sogenannten Übertragung, die wir von Gendün Rinpoche erhielten, um eine berührende Kommunikation über die Generationen hinweg handelte. Diese wird vom Meister zu den Schülerinnen und Schülern von Generation zu Generation über Jahrhunderte weitergegeben. Damit wird es möglich, dass etwas äusserst Essenzielles wirklich lebendig bleibt, dass man dem begegnen kann, es einen erreicht und etwas anklingen lässt. Insofern waren lebendige Vorbilder wie die tibetisch-buddhistischen Meister wichtig für mich. Diese Vorgehensweise, die mir kommuniziert wurde und ich selbst umsetzen und leben lernte – das ist Buddhismus für mich.

Vertrauen spielt dabei eine wichtige Rolle und wird in traditionellen Texten differenziert dreifach beschrieben: Es gibt überzeugtes, strebendes und inspiriertes Vertrauen. Überzeugtes Vertrauen bedeutet, darauf zu vertrauen, dass Handlungen mit dem Körper, der Sprache und dem Geist Auswirkungen haben. Es geht darum, zu erkennen, dass heilsame Handlungen innen und aussen positive Dynamiken bewirken – dies ist nicht immer sofort sichtbar, wirkt jedoch gestaltend auf die Zukunft. Das strebende Vertrauen ist das Wissen, dass Aufwachen – die Erleuchtung – möglich ist, dass es viel Raum für grosse Entwicklung gibt und man aktiv diesen Weg einschlagen kann. Im inspirierten Vertrauen geht es um eine tragende Grundeinstellung einer frohen und respektvollen Geisteshaltung.

Fülle und Reichhaltigkeit spielen im tibetischen Buddhismus eine fundamentale Rolle. Die Lehre, der Buddha-Dharma, wird erfahren, indem sie im eigenen Leben angewendet wird. Somit wird kein blindes Vertrauen erwartet oder gefordert. Buddha ermutigte stets, die Lehren zu überprüfen und zu hinterfragen. Einige gehen heute davon aus, dass diese Art des Denkens nicht nur aus seinem unmittelbaren Kulturkreis stammte, sondern auch andere vorasiatische und griechische Einflüsse hatte. Das war zu seiner Zeit revolutionär und ist es auch heute noch! Es gibt im Buddhismus keine äussere Instanz, die über die Praktizierenden richtet. Stattdessen gibt es klar definierte Engagements, die sich dem Heilsamen widmen und für den Weg ausschlaggebend sind. Sobald wir aus eigener Entschiedenheit ein Engagement, eine Verpflichtung eingehen – das könnte auch eine Ehe sein –, begegnen wir irgendwann Hindernissen. Auch der spirituelle Weg ist gekennzeichnet von unerwarteten Herausforderungen! Indem Übende auf dem spirituellen Weg über viele Jahre Fähigkeiten und Kenntnisse kultivieren, um Hindernissen geschickt zu begegnen, findet der eigentliche umfassende Wachstumsprozess als Mensch statt.

Ein Teil dieses Engagements ist, eine karmische Reinigung durchzuführen. Dabei wird das ganze Leben nach nicht-heilsamen Handlungen durchsucht. Zum Beispiel damals, als ich mit meinem ersten Freund nach Italien in die Ferien reiste und unser Zelt plötzlich voller Mücken war, haben wir sie wie die Wahnsinnigen runtergeknallt und getötet. Das war eines der ersten Dinge, die mir bei dieser karmischen Reinigungspraxis in den Sinn gekommen ist. Man nimmt die Erinnerung an und stellt sich dann vor, man liesse Weisheitsnektar durch sich hindurchfliessen, der alles reinigt. Dabei wird der Wunsch entwickelt, künftig möglichst anders handeln zu können. Heute zum Beispiel entferne ich Insekten in meiner Wohnung immer mit einem Staubwedel und transportiere sie so ins Freie. Dabei wird einem bewusst, dass man es nicht perfekt machen kann, stattdessen wird Demut gefördert.

Oft hören wir, dass die «Wiedergeburt» in asiatischen Sichtweisen und im Buddhismus eine bedeutende Rolle spielt. Buddhas Anliegen war es, einen umfassenden Weg in die Freiheit, einen Weg aus dem zyklischen Kreislauf von Geburt, Leben, Krankheit und Tod aufzuzeigen. Einige buddhistische Traditionen vertreten die Meinung, dass es dafür mehrere Leben braucht. Bereits zu Beginn meines buddhistischen Wegs erhielt ich von authentischen tibetischen Meistern die Ermächtigung zu «Amithaba – Buddha grenzenloses Licht» und zu Erklärungen, wie es im Sterben möglich ist, den Zugang zur «Dimension der grossen Freude» zu finden. Das ist der Grund, weshalb ich in meiner eigenen Praxis keine übliche Wiedergeburt anstrebe, sondern den Zugang zu dieser «Dimension der Freude» verwirklichen möchte. Meines Erachtens ist mit dem Aufwachen nicht alles zu Ende, auch wenn es manchmal so scheint. Mit der Erleuchtung fängt es eigentlich erst richtig an, denn man steht weiterhin spontan und anstrengungslos allen Lebewesen zur Verfügung. Das ist das, was mit dem Wort «Buddha» gemeint ist.

Es gab natürlich Momente, in denen ich mich gefragt habe, ob solche Verwirklichungen im Tod möglich sind. Diese Fragen sind jetzt nicht mehr aktuell für mich, da ich durch Meditation und Kontemplation ein umfassenderes Verständnis für die allgemeine Vergänglichkeit und die zeitlose Kraft von «Bodhichitta – dem Herzensgeist» kultivieren konnte. Die Motivation und die Einstellung, die ich im Hier und Jetzt habe, zählt. Entscheidend ist, wie ich mein tägliches Leben verbringe. Das Wichtigste dabei ist für mich «Bodhichitta», die gelebte Herzensmotivation. Sie umfasst die beiden wesentlichen Aspekte des Lebens im Allgemeinen. Das bedeutet einerseits, den Alltag einfach und unkompliziert zu leben, nicht überaktiv zu sein und einen gesunden Lebensrhythmus zu pflegen. Und andererseits sich kurzem, völligem Loslassen hinzugeben, um so dem zeitlosen, absoluten Aspekt der Wirklichkeit zu vertrauen. Dieses radikale Loslassen basiert auf der Einsicht, dass es nirgends – weder äusserlich noch innerlich – irgendetwas gibt, das autonom, eigenständig und unabhängig für sich existieren würde, weder in der materiellen noch in der geistigen Welt. Alles ist verwoben und durchdringt sich gegenseitig.

Diese Verbundenheit habe ich in Zeiten des Rückzugs immer wieder erfahren. Manchmal aber auch gar nicht, denn diese Retreats können herausfordernd sein. Ich folgte den dargelegten Methoden, Kontemplationen und Übungen. Damit war ich beschäftigt und ausgefüllt. Dabei hatte ich nicht den Eindruck, es sei still. In den Briefen, die wir erhielten, wurde oft die Stille erwähnt, in der wir uns befinden würden. Und ich dachte immer: «Ich weiss nicht, was die denken, ich finde es überhaupt nicht still hier!» Natürlich gab es kaum künstliche Geräusche und trotzdem kam mir alles laut vor, die Vögel, die Grillen, all die Tiere im Wald. Und je länger ich in der «Stille» war, umso lauter erlebte ich mein eigenes Denken. Als ich dann wieder in Zürich war, bemerkte ich die konstante Geräuschkulisse erst recht, die überall vorhanden war – künstliche Geräusche, 24 Stunden Tag und Nacht.

Mein Mann und ich haben dreieinhalb Jahre in der Waldhütte gelebt und praktiziert. Dann hat sich herauskristallisiert, dass wir uns unterschiedlich entwickelt haben, unser gemeinsamer Lebensstil hatte sich erschöpft. Es musste eine Veränderung geben. Für meinen Mann war klar, dass er Mönch werden wollte. Ich fand das gut und sehr passend für ihn. Aber ich wusste nicht, ob das Leben als Nonne für mich stimmen würde. Wir verliessen die Waldhütte und ich begab mich auf eine Pilgerreise. Danach kehrte ich wieder nach Frankreich zu Gendün Rinpoche zurück. Dort entschied ich mich, am traditionellen, dreijährigen Retreat in der Frauengruppe mitzumachen, aber nicht völlig abgeschlossen wie alle anderen. Das war mir zu eng. Extra für mich wurde eine Lösung gesucht und ich durfte mich um den Garten zwischen den Retreatgruppen kümmern. Dadurch hatte ich mehr Variation im Alltag. Am Anfang dieses Drei-Jahres-Retreats habe ich beschlossen, Nonne zu werden. Diese Entscheidung habe ich nie bereut. Gemeinsam mit zwölf weiteren Frauen unserer Gemeinschaft konnten wir am Ende dieses Retreats, 1994, an der vom vietnamesischen Zen-Meister Thich Nhat Hanh organisierten sogenannten «Vollen Ordination» teilnehmen.

Ich glaube, in der heutigen Zeit ist es nicht zwingend, sich für eine Glaubensrichtung zu entscheiden. Was es braucht, ist ein tiefes und umfassendes Eindringen in das «Mensch-Sein». Wo und wie das passiert, spielt nicht so eine grosse Rolle. Ich denke aber schon, dass die Religion – egal in welchem Glauben man zuhause ist – eine Hilfestellung sein kann, um über die Vergänglichkeit nachzudenken und darüber, dass die eigene Lebenszeit endlich ist. Man hat schlicht nicht die Zeit, alles zu machen. Es braucht die Kontemplation, worauf man im Leben den Fokus setzen will und daraus folgt, dass dafür einige andere Dinge nicht getan werden können. So war das auch bei mir, ich habe mich immer für vieles interessiert, doch die Zeit ist zu kurz, um alles zu machen. Ich lernte das anzunehmen und mich darüber zu freuen, dass andere das tun, was ich selber auch gerne getan hätte und noch gerne tun würde.

Es ist jedoch wünschenswert, jeden Tag an die eigene Vergänglichkeit zu denken. Ja, jeden Tag! Der Gedanke an die Vergänglichkeit prägt meinen Tag. Wir sind auf künstliche Sicherheiten ausgerichtet. Die Pandemie und der Ukraine-Krieg haben festgefahrene Denkstrukturen und Sichtweisen in Bezug auf Sicherheit stark erschüttert. Diese Ereignisse der jüngeren Vergangenheit zeigen, wie veränderlich und vergänglich alles ist. Solche Katastrophen können Anlass sein, den eigenen Alltag sinnvoller, ausgeglichener und gerechter zu gestalten. Die Ruhe zu finden, über die eigene Vergänglichkeit nachzudenken und den Raum dafür zu schaffen, ist aber nicht einfach in der heutigen Zeit. Gerade auch mit der digitalen Revolution, der künstlichen Intelligenz und dem exponentiellen technischen Fortschritt. Ein buddhistischer Professor hat vor vielen Jahren mit seinen Studierenden ein Experiment gemacht. Sie sollten sich vor den Fernseher setzen, ihn nicht einschalten und beobachten, was mit ihnen passiert. Ohne Übung ist es nicht einfach, das auszuhalten. Der Fernseher ist ja mittlerweile schon gar nicht mehr modern, aber mit dem Smartphone kann man das ebenfalls ausprobieren. Das Handy anschauen, ohne etwas zu tun und dabei zu entdecken, was passiert. Es braucht Mut, sich um die eigene unabhängige Entwicklung zu kümmern, mit sich selbst Freundschaft zu schliessen und alles Lebendige zu respektieren und zu würdigen. Und danach versuche ich zu leben.

VALENTIN ABGOTTSPON

«Die Religionen sind in einem grossen Ausmass schädlich»

Valentin Abgottspon, *1979, wurde in Visp geboren. Er studierte Germanistik und Philosophie an der Universität Freiburg. 2010 wurde er im Kanton Wallis als Oberstufenlehrer rechtswidrig fristlos entlassen, weil er sich für säkulare Schulen einsetzte. Heute ist er in einem Teilpensum als Lehrer im Kanton Bern tätig. Seit 2013 ist er Vizepräsident der Freidenker-Vereinigung der Schweiz und er war 2010 einer der Gründer der Sektion Wallis. Er gestaltet als freier Redner und humanistischer Ritualbegleiter Hochzeits-, Willkommens- und Abschiedsfeiern. Abgottspon ist verheiratet und Vater zweier Kinder.

Sie sind im Wallis aufgewachsen. Wie stark religiös geprägt war Ihre Kindheit?
Ich komme aus einem einigermassen – für Walliser Verhältnisse – liberalen katholischen Elternhaus. Ich bin religiös aufgewachsen, aber nicht extrem oder fundamentalistisch. Als Kind stellte ich mir Gott als personalen Gott vor, männlich und mit weissem Bart.

Wann kamen die ersten Zweifel an der Religion auf?
Ich erinnere mich an eine Situation, ich war wohl etwa zwölf Jahre alt, und es ging um die Frauenordination. Ich fragte den Pfarrer, wie man es begründet, dass Frauen nicht das Priesteramt bekleiden dürfen. Der Pfarrer antwortete, es gäbe da viele Gründe, vor allem aber, dass Frauen halt missgünstig seien und wenn eine Frau predige und Gottes Wort verbreite, würde das zu viel Missgunst verursachen. Da dachte ich: «Meinen die das wirklich ernst?» Das waren für mich schlampige Antworten, die nicht zu Ende gedacht sind.

Wie ging es weiter?
Später habe ich mich am Gymnasium vom damals ausschliesslich konfessionell angebotenen Religionsunterricht dispensieren lassen. Alternativen dazu gab es noch nicht. Ich ging sowieso lieber mit meinen engsten Freunden Kaffee trinken. Mich hat das Thema Religion dann relativ lange sehr wenig interessiert. Ich habe an der Universität Freiburg Germanistik und Philosophie studiert und für mich war einfach klar: Religion und Gott, das ist nicht meins.

Der endgültige Bruch passierte, als Sie als Lehrer ins Wallis zurückgekehrt sind?
Ja, ich kam an die Oberstufenschule in Stalden, und das war für mich ein regelrechter Kulturschock. Ich dachte nur: «Scheisse, wie gegenwärtig ist die Religion hier?» Als Kind und Jugendlicher war mir die starke Präsenz der Religion wenig bewusst gewesen. Als Erwachsener störte ich mich aber sehr daran. Es passt doch längst nicht mehr zu unserer Zeit, dass jährlich über dreissig religiöse Veranstaltungen während der obligatorischen Unterrichtszeit stattfinden und andere Fächer zugunsten von Gottesdiensten, Beichten und dergleichen ausfallen. Etwa vier Mal im Jahr gab es zwar so etwas wie «Meditation», aber auch das war mitnichten religiös neutral, sondern genauso katholisch oder mindestens christlich geprägt wie alles andere. Ausserdem spürte ich immer wieder, dass jene Kinder, die aus einem andersgläubigen Elternhaus kamen oder ganz ohne Religion aufwuchsen, abgeschoben und ausgegrenzt wurden. Jedes Mal, wenn die «Katholiken» in den Gottesdienst gingen, blieben die anderen zurück. Das ist eine Trennung, die an einer Volksschule nicht passieren darf. Die Schule muss für alle sein, religiös und weltanschaulich neutral. Eine klare Trennung zwischen Staat und Religion gibt es im Wallis aber halt leider nicht.

Dann wurden Sie fristlos entlassen.
Genau. Ich weigerte mich, im Schulzimmer ein Kruzifix aufzuhängen. Immer wieder, wenn ich die Geschichte erzähle, ernte ich ungläubiges Staunen. Ich werde dann beispielsweise gefragt, was denn wirklich passiert sei, ob ich eine Affäre gehabt oder jemanden geohrfeigt hätte. Nein, es war wirk-

lich bloss der Fakt, dass ich kein Kruzifix an der Wand haben wollte und mich auch sonst öffentlich für säkularere Verhältnisse einsetzte.

Warum hat Sie das Kruzifix so gestört?
Ein Kruzifix, also ein Kreuz mit einem toten oder sterbenden Mann dran, ist nicht bloss ein allgemein-christliches Symbol, sondern es ist explizit katholisch. Gerade im Wallis verstehen viele Menschen nicht, dass man damit ein Problem haben kann. Sie haben das Gefühl, in der Religion gehe es ausschliesslich um Nächstenliebe und Toleranz – und sind damit geschichtsblind. Das katholische Symbol steht auch stark für die Unterdrückung Nichtgläubiger und Andersgläubiger, für eine Minderstellung der Frau sowie für eine verquere Haltung zu Sexualität. Mit einem Kruzifix, Kreuz oder sonstigen religiösen Symbol über der Wandtafel ist die Neutralität des Staates in einem besonders schützenswerten Raum – einer Schule für Kinder – nicht gegeben. Neutralität soll kein Zustand sein, der eingefordert und erkämpft werden muss, sondern soll vom Staat garantiert und auch von den Lehrpersonen umgesetzt werden.

Sie engagieren sich stark gegen die Religion und sind aktiv auf den sozialen Medien – nicht nur in Bezug auf eine Trennung von Staat und Religion.
Das stimmt. Mir ist nicht bloss die politische Trennung wichtig ist. Diese ist zwar zentral, um gesellschaftliche Verbesserungen zu erreichen, meine Kritik bezieht sich aber nicht ausschliesslich auf das Verhältnis zwischen Staat und Religionsgemeinschaften. Ich bin überzeugt davon, dass Religion ganz allge-

mein in einem grossen Ausmass schädlich ist für die persönliche sowie die kulturelle Entwicklung, für die Wissenschaft, die Forschungsfreiheit, die Sicherheit von Menschen. Je stärker Religion als Machtinstrument gebraucht werden kann, um Dissidenten, Andersdenkende, Nichtgläubige zu unterdrücken, umso schwieriger wird es. Also selbst wenn die strikte Trennung von Kirche und Staat erreicht wäre und nicht mehr jedes Jahr Steuergelder – zusätzlich zur Kirchensteuer, wohlverstanden – in die Kirche fliessen würden, selbst wenn die Kirchen sämtliche Privilegien abzugeben hätten, auch wenn es Ethikunterricht gäbe, bei dem sogar religionskritische Stimmen erlaubt wären – selbst dann würde ich die katholische Kirche und den katholischen Glauben noch kritisieren.

Warum?
Ich kritisiere ja diese Weltanschauungen nicht bloss, weil sie oder wenn sie vom Staat Vorrechte eingeräumt bekommen. Ich kritisiere, weil es viel Kritikwürdiges gibt. Es wäre scheinheilig, würde man beispielsweise extremistischen Islam oder Sektenunwesen nicht kritisieren, bloss weil sie nicht von staatlichem Geld und weiteren Vorrechten profitieren. Ich will nichts verbieten, aber ich will, dass genauer drauf geachtet wird, was im Namen der Religion läuft. Und ich werde nicht still sein, solange Religion Menschenrechte behindert, einschränkt und unterdrückt.

Wo werden Menschen in der Schweiz durch die Religion unterdrückt?
Grundsätzlich ist es schon eine fragwürdige Angelegenheit, dass Kindern die Vorstellung einer Hölle, in der sie bestraft

werden, mitgegeben wird. Das kann – wenn das stark ausgeprägt ist wie etwa in Freikirchen – zu Schäden führen. Das ist Kontrolle durch Angst. Das ist übrigens auch ein Grund, warum die evangelisch-reformierte Glaubensgemeinschaft immer weniger Erfolg hat. Kann man weniger mit dem Instrument der Angst arbeiten, ist die Kundenbindung weniger gut zu etablieren. Bei den Katholiken ist hingegen ziemlich klar: Masturbiert jemand, passt das Jesus und Gott nicht. Der Heilige Geist sieht auch zu und sowas muss gebeichtet werden. Tut man das nicht, verbringt man nach dem Tod zumindest eine gewisse Zeit im Fegefeuer. Das ist eine Form von Unterdrückung.

Viele Regeln und Ansichten wurden aufgeweicht, die Kirchen werden offener. Es findet doch ein Wandel statt?
Ich gebe zu, dass die Wahrnehmung im Mainstream kuscheliger geworden ist. Damit meine ich, dass man besser darin geworden ist, die Heiligen Schriften und die Traditionen zu verändern, zu verbessern und scheinbar menschlicher zu machen. Das heisst aber oft auch, dass man sich damit in die eigene Tasche lügt. Man ignoriert gerne das komplette Alte Testament, weil darin viel gruseliges Zeug steht. Aber auch im Neuen Testament gibt es Stellen wie im 1. Korintherbrief 14,33f.: «Wie in allen Gemeinden der Heiligen gilt: In den Gemeindeversammlungen sollen die Frauen schweigen. Denn es ist ihnen nicht erlaubt zu reden, sie sollen sich vielmehr unterordnen, wie auch das Gesetz es sagt. Wenn sie aber etwas lernen wollen, sollen sie zu Hause ihre Männer fragen.» Solche Aussagen werden einfach übergangen oder irgendwie zurechtgebogen. Ich begrüsse es, dass die Dinge menschlicher werden,

aber ich wünschte mir, dass die Gesellschaft direkt erwachsen wird und sagt: Wir brauchen Religionen gar nicht.

Das wäre ein riesiger Schritt. Glauben Sie nicht, dass der Glaube manchen Menschen viel geben kann?
Es mag sein, dass manche religiöse Normen zu gewissen Zeiten gesellschaftlich wertvoll waren. Aber im heutigen Kontext vergleiche ich religiösen Glauben eher mit einer Krücke. Hast du zwei gesunde Beine und ein gesundes Rückgrat – damit meine ich Menschenrechte, Wissenschaft und den Humanismus –, dann hindert dich eine Krücke am Gehen. Warum kann man nicht zugeben, dass das, was Religionen erzählen, einfach Geschichten sind? Dann stünden sie auf einem ähnlichen Niveau wie andere kulturelle Leistungen wie etwa Literatur und Popkultur, wie Harry Potter und Spiderman. Aber Religion hat das grundsätzliche Problem, dass an etwas Unbeweisbares geglaubt werden soll.

Wie meinen Sie das?
Glaube – hier sind wir bei der Definition – bedeutet, an etwas glauben, nicht wissen und auch nicht wissen wollen. Nebulöse Formulierungen wie «Einen Gott, den es gibt, gibt es nicht» sind Poesie, wenn man es positiv formulieren will. In der Religion lässt man zu oder fordert sogar, Dingen nicht auf den Grund gehen zu wollen. Man soll im Glaubensbereich Dinge akzeptieren, die man sonst nicht akzeptieren würde. In Politik oder Wissenschaft würden ganz viele Argumente nicht zählen, die bei einem Verweis auf ein persönlich-religiöses Bekenntnis gültig sein sollen. Das ist gesellschaftlich, aber auch individuell ein Problem. Es macht einen anfällig, weil man einen grossen

Lebensbereich hat, indem man nicht wirklich kritisch hinterfragt, nur weil der Glaube einem ein schönes Gefühl gibt.

Was ist gegen ein schönes, privates Gefühl einzuwenden?
Wenig. Es kann aber dazu führen, dass man dann auch allgemein zu wenig klar denkt und zu wenig kritisch hinterfragt. Wenn man im religiösen Lebensbereich einfach mit den Schultern zuckt und hinnimmt, dass man allerhand halt nicht so genau wissen könne oder wolle, hat das im ungünstigsten Fall auch Einfluss auf andere Bereiche. Nichtwissen und Nichtwissen-Wollen sind meiner Meinung nach nicht gut genug. Das ist mir zu wenig neugierig.

Der Glaube unterliege nicht der Ratio, sondern sei ein Erleben von etwas Grösserem, sagen viele Gläubige. Kennen Sie solche Gefühle nicht?
Man muss vorsichtig sein, dass keine falschen Bilder gezeichnet werden von Atheistinnen, Religionskritikern, Rationalistinnen und so weiter. Man sagt uns oft nach, wir seien kalt und emotionslos. Ich bin hoffentlich ein Gegenbeispiel. Als Ritualbegleiter gestalte ich mitunter Hochzeiten, Abschiedsfeiern und Namensfeiern. Solche Rituale sind für mich wichtig und menschlich. Allgemein erfreue ich mich wohl genauso wie die meisten Menschen an der Natur und erlebe Gefühle der Erhabenheit, Freude und Ektase: Wenn ich an einem Fest bin, Zeit mit Freunden verbringe, Musik höre, Kunst bewundere. Wenn ich an einem Projekt arbeite mit Menschen, mit denen ich gleiche oder ähnliche Werte teile, stelle ich mich auch in den Dienst von etwas Grösserem. Klar, am Ende zählt für mich schon vor allem das Wissenschaftliche, das möglichst Vernünf-

tige, aber das ist nichts Kaltes. Es ist gottlos, aber menschlich. Es ist religionskritisch, aber nicht wertefrei. Im Gegenteil, die Werte, für die ich mich einsetze – Antirassismus, Antisexismus, Gleichberechtigung –, sind als Freidenker, als Humanist, als Atheist sogar leichter zu verteidigen, weil ich sie nicht zusätzlich damit vereinbaren muss, was in dem Heiligen Buch steht. Ich muss nichts verleugnen oder zurechtbiegen.

Die Kirche hat gerade bei den Ritualen lange Zeit eine tragende Rolle gespielt. Ist Ihre Arbeit als Ritualbegleiter ein Religionsersatz?
Der Begriff «Religionsersatz» wäre zu definieren. Er unterstellt meistens, dass man durch den Wegfall des Glaubens ein religionsförmiges Loch in seinem Leben hätte. Es gibt menschliche, gesellschaftliche Bedürfnisse wie das Zelebrieren von Übergängen und grösseren Veränderungen. Das hat es schon vor jeder Religion gegeben, das wird in der Menschheitsgeschichte wohl so bleiben. Religion, insbesondere institutionalisierte Religion, hat es aber hervorragend geschafft, diesen menschlichen Bedürfnissen einen religiösen Stempel aufzudrücken. Als ob solche Rituale nicht möglich wären ohne Religion! Meine persönliche Erfahrung hat mir etwas anderes bewiesen: Beispielsweise bei den Willkommensfeiern war ich ziemlich erstaunt, welch grosse Nachfrage nach religiös neutralen, diesseitigen, menschlichen Zeremonien besteht.

Was ist der Vorteil dieser humanistischen Rituale im Gegensatz zu den kirchlichen?
Mit mir muss man nicht diskutieren, ob man eine Zeremonie auch im Wald machen kann, das ist für mich selbstver-

ständlich. Genauso wie Hochzeiten von Personen gleichen Geschlechts, diese Frage stellt sich gar nicht! Was ich anbiete, ist stark individualisiert und beinhaltet meistens möglichst viel Humor. Auch bei von mir gestalteten Abschiedsfeiern darf gelacht oder gelächelt werden. Die Leute wollen das Leben der verstorbenen Person noch einmal feiern, das Bild trotz aller Trauer noch einmal erstrahlen lassen. Das ist insgesamt halt schon ein anderer Ansatz als bei vielen Katholiken.

Findet die moderne Spiritualität auch deswegen so viel Anklang, weil die Leute Rituale brauchen?
Sie suchen oft schon etwas «Höheres». Fast alle kennen wohl Sätze wie: «Ich glaube zwar nicht an einen personalen Gott und habe Mühe mit der Kirche als Institution, aber da muss doch etwas Höheres sein, etwas, das lenkt!» Viele Leute scheinen das Gefühl zu haben, dass das Menschliche, dass unsere Emotionen nicht genug wären, dass durch Kultur und Kunst Geschaffenes, dass die Werte unserer Gesellschaft – etwa Solidarität und Rücksichtnahme – nicht reichen. Mir hingegen reicht das. Gerade die Aspekte der menschlichen Kultur sind mir sehr wertvoll. Ich brauche da nichts «Höheres». Mir ist das fremd und ich halte das alles oft für einen falschen Trost.

Was ist an diesem Trost, diesem spirituellen Denken falsch?
Weil bei «Spiritualität» halt meistens auch der Glaube an Horoskope, Astrologie, Kristallenergie und dergleichen mitgemeint ist. Solch magisches Denken existiert vielleicht, weil viele es nicht aushalten, wenn gewisse Dinge nicht festgelegt oder durchschaubar sind. Es scheint einfacher, wenn man sagt oder glaubt: «Es hatte einen Grund, dass mein Vater vom

Bus überfahren wurde.» Oder: «Dass mein Kind Krebs hat, muss Teil eines göttlichen, undurchschaubaren Plans sein.» Es kann solche Erlebnisse vielleicht einfacher machen, wenn man dahinter einen Plan vermutet. Ich finde das aber egozentrisch. Da nimmt man sich zu wichtig und zu ernst. Die Welt läuft so ab, wie sie abläuft. Mir passieren gute Sachen und es stossen mir schlechte Dinge zu. Ich brauche keinen Strippenzieher hinter allem zu sehen. Ich vermute aber, dass vielen Leuten das Leben einfacher fällt, wenn sie sich einen Lenker vorstellen können. Es scheint manchen zu helfen, wenn sie zu einer Figur beten oder sich bei Meditationen übersinnliche Kräfte oder übernatürliche Wesen vorstellen können.

Meditation und Achtsamkeit gibt es auch ohne esoterischen Kontext.
Ja, man kann tipptopp ohne Religion und ohne das Übernatürliche meditieren oder achtsam sein. Ich bin davon überzeugt, dass diese Praktiken sogar besser sind, wenn man diesen Ballast, beziehungsweise Unfug, weglässt. Nehmen wir Yoga als Beispiel: Die Übungen tun dem Körper gut, man kann zu sich kommen, verschafft sich Ruhe. Da muss man doch nicht zusätzlich daran glauben, dass irgendeine mystische, schlechte Energie ausströmt oder sonst etwas Übernatürliches passiert – ob nun mit oder ohne die Energie von unsichtbaren Einhörnern oder Kristallen. Dergleichen hat bestenfalls einen Placeboeffekt.

Sie glauben also an nichts, das sich nicht wissenschaftlich beweisen lässt?
Ich glaube beispielsweise an eine gewisse Stabilität und Solidarität im Schweizer System. Aber ich durchschaue dieses System

ja nicht komplett. Fiele hier – wie man das von anderen Ländern oder aus anderen Zeiten kennt – von heute auf morgen jegliches Grundvertrauen in unseren Staat und in unsere Institutionen weg, hätten wir ein Problem. Ich habe also durchaus Überzeugungen, die eine Art Vertrauen voraussetzen, obwohl ich vielleicht nicht endgültig weiss, ob das alles aufgeht. Aber ich glaube nicht an über- oder widernatürliche Dinge: keine Dämonen, keine Geister, keine personalisierten Wesen, die da eingreifen, keine Göttinnen, keine Götter. Ich lebe wunderbar in der Annahme, dass es in diesem Universum mit rechten Dingen zugeht. Und mir reicht das.

PRISCILLA SCHWENDIMANN

«Es ist Gottes Ironie, dass ich mit einer Frau zusammen bin»

Priscilla Schwendimann, * 1992, ist Theologin und Pfarrerin. Sie baut in Zürich mit der «Mosaic Church» eine queersensible Kirchgemeinde auf. Dabei kümmert sie sich mitunter als Seelsorgerin um die Anliegen der queeren Community. Als jüngstes von vier Kindern ist sie binational im Nahen Osten in einer Freikirche aufgewachsen. Heute lebt sie zusammen mit ihrer Frau in Zürich.

Ich habe immer an Gott geglaubt, schon als Kind. Ich habe einfach stets gewusst, dass es Gott gibt. Das hatte natürlich mit meinem Umfeld zu tun. Das Aufwachsen in einer Freikirche habe ich als etwas Schönes erlebt, etwas sehr Geborgenes und Prägendes.

Meine Glaubensgeschichte ist dennoch nicht geradlinig, ich habe gezweifelt und gehadert. Das erste Mal als Teenager: Ich erlebte eine schwierige Phase mit Magersucht, selbstverletzendem Verhalten und Mobbing. Bereits als Kind war ich widerspenstig und dominant und als Teenager intensivierte sich das. Als junge Frau im Nahen Osten war das problematisch. Nicht zuletzt auch deswegen fand ich die Welt damals ungerecht und bin beinahe daran zerbrochen.

Dann, mit 15 Jahren, verbrachte ich einen Monat in den USA, ebenfalls in einer freikirchlichen Gemeinde. Die Menschen, die ich dort getroffen habe, hatten einen unglaublich tiefen Frieden. Das war für mich ein Bekehrungsmoment. Ich wusste: «Ich will Gott in meinem Leben. Es wird dadurch nicht perfekt, aber ich werde immer getragen sein.» Diese Erkenntnis war bewegend, auch wenn ich rückblickend sagen würde, dass ich damals fundamentalistisch wurde. Als ich in die Gemeinde in meiner Heimat zurückkehrte, gab es oft Streit mit meinen Eltern. Ich warf ihnen vor, sie würden zu wenig glauben. Sie wiederum fanden, ich sei zu extrem in meinen Ansichten. Doch ich liess mich nicht beirren. Die Gemeinde war mein Zuhause. Drei Tage pro Woche habe ich dort verbracht, ich habe dieses Gefühl der Gemeinschaft geliebt.

Das hat mich getragen, bis es in meinem Umfeld zu einem Amoklauf gekommen ist. Viele Menschen sind dabei ums Leben gekommen, auch Kinder. Plötzlich stand mein Glaube auf dem

Prüfstand. Grosse Fragen trieben mich um: «Warum? Warum lässt Gott so etwas passieren? Wieso unschuldige Kinder?»

Mit 18 bin ich für mein Theologiestudium in die Schweiz gezogen. Dabei kam es erneut zu einer Glaubenskrise, da ich meine heutige Frau kennenlernte. Meine Welt ist zusammengebrochen. Über Homosexualität wurde nicht geredet, wo ich aufgewachsen bin. Ich hatte gelernt: Es gibt Sachen, die sind schlimm, über die redet man. Und dann gibt es Dinge, die sind so schlimm, dass man nicht einmal mehr darüber sprechen kann. Denn würde man über sie reden, erhielten sie eine Existenz. Dazu zählte auch die gleichgeschlechtliche Liebe. Das Verrückte war: Zunächst wusste ich ja nicht einmal, was mit mir los war. Ich habe ein halbes Jahr lang nicht verstanden, dass ich verliebt bin! Es war nie Teil meiner Realität gewesen, dass Frauen sich in Frauen verlieben können, das hat für mich überhaupt nicht existiert. Die Erkenntnis, dass das ausgerechnet mir passiert, hat mir den Boden unter den Füssen weggezogen. Ich wusste nicht mehr, was ich glaube oder nicht glaube. Ich fragte mich: «Wer bin ich? Wer ist Gott?»

Diese Krise war die schwerste meines bisherigen Lebens. Mit 18 Jahren in einem für mich fremden Land und dann das Gefühl der kompletten Bodenlosigkeit. Einerseits wusste ich selbst nicht, wie ich damit umgehen sollte. Und anderseits war mir klar, dass ich die religiöse Gemeinschaft verlieren würde, wenn ich mich «falsch» entscheiden würde. Plötzlich war für mich nicht mehr so klar wie früher: «Das ist richtig, das ist falsch.» Ich wollte selbst entscheiden können. Die Angst um den Verlust dieser Gemeinschaft, die mein Zuhause war, war omnipräsent. Diese Menschen kannten mein Innerstes. Ich sage immer: «Wenn du mit Menschen zusammen betest, kannst du nicht über sie lästern. Oder verstritten sein.» Beten, den Glauben mit jemandem zu teilen – das ist intimer als Sex. Aber ich wusste, durch meine Liebe zu dieser Frau würde ich viele Menschen verlieren.

Ich merkte, wie mein evangelikales Bild – dieses Schwarz-Weiss-Denken – nicht mehr funktionierte. Ich fiel in ein tiefes Loch, zerrissen zwischen dieser Frau und meinem Glauben. Ich wollte beides nicht verlieren. Mein Glaube war das Einzige, was mir noch Hoffnung gab. Dann sagte eine Freundin etwas sehr Prägendes zu mir: «Priscilla, niemand kann dir deinen Glauben nehmen. Du kannst ihn dir nur nehmen lassen.» Das machte mir Mut. Und selbst in der schwersten Zeit habe ich nie daran gezweifelt, dass es Gott gibt. Das war nie eine Frage für mich. Meine Frage war vielmehr: «Will ich Gott in meinem Leben haben oder nicht?» Ich sagte damals zu Gott: «Wenn du mir meine Frau nimmst, will ich nie wieder mit dir zu tun haben. Du kannst mir sowas von den Buckel hinunterrutschen.»

Dann habe ich angefangen, mein ganzes Glaubensbild auseinanderzunehmen: «Wie war das mit den sieben Tagen, in denen die Welt angeblich erschaffen wurde? Wie ist das mit der Sünde? Ist das bloss Moral oder was steckt dahinter? Ist es so klar, was man darf und was man nicht darf?» Die wirkliche Auseinandersetzung mit dem Glauben hatte für mich damals begonnen. In der Fachsprache nennt man das Dekonstruktion.

Heute ist mein Glaube viel freier als früher. Werde ich jetzt gefragt, was ich glaube, sage ich: «Gott glaubt an mich. Gott hält mich, nicht umgekehrt.» Und ich bin übrigens der Ansicht, dass Gott sehr viel Humor hat. Ich kann mir vorstellen, dass Gott damals, als ich in die Schweiz gekommen bin und die ganze Welt bekehren wollte, geschmunzelt und gedacht hat: «Jaja, Meitli.» Und es ist wohl Gottes Ironie, dass ich mit einer Frau zusammen bin. Es war der einzige Weg, wie ich weich werden konnte. Wie ich lernen konnte, andere Menschen nicht vorschnell zu verurteilen. Zu erkennen, dass mehr hinter dem Menschsein steckt und dass wir alle auf Augenhöhe behandelt werden wollen. Das ist Gnade und das ist das, was den Glauben ausmacht.

Ich habe seither immer wieder erlebt, wie viel Kraft der Glaube mir geben kann. Im Jahr 2021 hatte ich eine schwere Depression, ich war phasenweise nicht mehr ansprechbar. Das Einzige, was mich in dieser Zeit beruhigt hatte, waren Psalmen. Die Tiefe dieser Texte. Ich habe sie monatelang hoch und runter gelesen, sie dadurch immer wieder gehört. «Der Herr ist mein Hirt, mir mangelt nichts, und wandere ich auch im finstern Tal, fürchte ich kein Unheil.» Während einer Depression bist du wahrlich in einem so finsteren Tal. Aber dann die Stelle im Text: «Im Angesicht meiner Feinde deckst du mir den Tisch.» Diese Zusage an das Leben, und gesehen zu werden in meinem Leiden, das hat mich im Innersten berührt, als sonst nichts mehr durchdrang.

Natürlich frage ich mich manchmal, warum Gott zulässt, dass in der Welt so viel Unheil passiert. Ich weiss es nicht. Diese Antwort ist die Ehrlichste. Jeder Versuch, es zu erklären und damit zu rechtfertigen, scheitert und anerkennt das Leid nicht in seinem vollen Ausmass. Es gibt Leid, das menschengemacht ist, wie etwa ein Tötungsdelikt. Aber auch dann kommt doch die Frage auf, warum Gott nicht eingegriffen hat. Auf die Frage «Warum?» gibt es meins Erachtens keine Antwort.

Ich erinnere mich an eine Geschichte aus der Bibel: Jesus wird – kurz vor seiner Kreuzigung – als König gefeiert, bis er von einem seiner besten Freunde verraten wird. Jesus weiss, dass er umgebracht werden wird, er hat panische Angst, heult und schwitzt Blut. Schliesslich kommen mitten in der Nacht die Männer, um ihn zu verhaften. Einer seiner Freunde, Petrus, flippt komplett aus, nimmt ein Schwert und schneidet einem der Männer ein Ohr ab. Dann passiert etwas für mich absolut Unerwartetes, denn Jesus sagt: «Stopp, hör sofort auf!» Und er heilt das Ohr des Verletzten.

Ich dachte immer: «Wäre ich Gott, hätte ich in dieser Situation dafür gesorgt, dass ein gewaltiges Gewitter losgeht, dass alle Angreifer vom Blitz erschlagen werden.» Aber nichts dergleichen ist passiert. Im Gegenteil: Jesus heilt jenen Menschen, der dabei ist, ihn ans Kreuz zu bringen. Das ist Gottes absolute Menschenzugewandtheit. Gott steigt nicht aus, weil wir auch nicht aus dem Leben aussteigen können. Gott anerkennt damit das Leben in all seinen Facetten. Dazu gehört auch das Schwierige. Dabei redet Gott es nicht schön, sondern lässt es stehen und lässt dem Leid seinen Auftritt. Aushalten, keine gut gemeinten Tipps, sondern mittragen und einfach da sein. Das ist Begegnung auf Augenhöhe, wie Gott sie uns zeigt.

Viele denken, Gott ist am Sonntagmorgen in der Kirche da. Aber Gott ist immer da. Auch wenn ich auf dem Klo sitze. Und wenn ich abends ins Bett gehe mit meinen Problemen, sagt Gott: «Priscilla, ich bin da.» Ich stelle mir auch oft vor, wie Gott neben mir sitzt, wenn Dinge richtig schieflaufen, und «Fuck» sagt. Dass das Unangenehme sein darf und ich mit meinen Gedanken und Sorgen nicht allein bin, sondern darin gesehen werde. Dass nicht jemand sagt: «Hey, es ist doch nicht so schlimm!» Wenn ein Kind stirbt, wird das nicht einfach wieder gut. Das ist unfassbar. Es gibt keine Worte für den Schmerz. Dann gibt es keine schönen Sprüche. Diese Anerkennung Gottes vom Leiden, dass es nicht relativiert wird, ist das, was mich so berührt.

Ich weiss nicht, warum ich durch die Hölle des Comingouts gehen musste. Warum ich diese schwere Depression hatte. Warum ich bei einem Tauchunfall fast gestorben bin. Warum ich um Inklusion kämpfen muss. Was mich trägt, ist die Hoffnung und das Vertrauen, dass da ein Gott ist, der ins Leid hineingeht. Jesus, der die absolute Verzweiflung und brutale Folter erlebte und dann für uns gestorben ist – das berührt mich so. Wenn wir zu unserer Menschlichkeit finden wollen, müssen wir aushalten. Es führt kein Weg rundherum. Wir können Trauer nicht verkürzen, es gibt keine Möglichkeit, sie zu umgehen. Wir müssen durch dieses dunkle Tal hindurchgehen. Aber wir sind nicht allein. Ich weiss, dass ich begleitet bin, dass Gott weiss, wie schwierig das ist. Weil Gott durch Jesus Mensch geworden ist.

Und ich glaube, dass Gott aus Asche Schönheit machen kann. All das hat mich gnädig werden lassen. Ich verurteile viel weniger, höre mehr zu und ehrliche und tiefe Gespräche sind mir wichtig geworden. Schein hat für mich keine Relevanz mehr, sondern das Innere eines Menschen. Das Leben ist nicht perfekt und Glaube macht nicht glücklich. Glaube trägt nicht nur durch ein nicht perfektes Leben, sondern durch *jedes* Leben.

Früher habe ich sehr stark für das Jenseits gelebt, dafür, was nach dem Tod kommt. Mittlerweile finde ich das schwierig. Das Leben findet jetzt statt. Und es ist meine Aufgabe, dafür zu sorgen, dass diese Welt nicht zur Hölle wird. Das ist Verantwortung. Es ist meine Aufgabe, mich um meine Nächsten zu kümmern. Ich mache das nicht nur, weil ich das toll finde. Sondern weil ich glaube, dass wir dazu berufen sind. Was nach diesem Leben, nach dem Tod kommt – ich weiss es nicht. Früher war ich ganz klar der Ansicht, dass es Himmel und Hölle gibt. Aber das hat sich verändert. Ich glaube, dass Gott überall ist. Folglich müsste Gott auch in der Hölle sein. Aber ich glaube, dass niemand tiefer fallen kann als in Gottes Hand. Dennoch verstehe ich absolut, dass das Konzept eines Gerichts am Ende des Lebens sehr wichtig sein kann für Menschen, die sehr schlimme Dinge erlebt haben. Dass am Ende Gerechtigkeit herrscht. Einer meiner Professoren hat einmal gesagt: «Es gibt so viele Dinge in der Bibel, die klar sind für uns. Reden wir doch darüber, statt über jene Dinge, die wir nicht verstehen.» Damit macht man es sich nicht einfach, sondern im Gegenteil sehr viel schwieriger. Weil es viel einfacher wäre, mit klaren Antworten zu leben. Es ist doch viel leichter, wenn ich sage: «Glaubst du das und das, kommst du in den Himmel. Tust du aber dies und das, landest du in der Hölle.» Mein Leben wäre so unfassbar viel einfacher, wenn alles so klar wäre und gleichzeitig wäre es eine solche Verkürzung der Lebensrealität vieler Menschen. Das will ich nicht mehr.

Ich baue eine Kirchgemeinde auf mit mehrheitlich queeren Menschen. Dort werde ich immer wieder mit Themen konfrontiert, auf die ich keine Antwort habe. Es ist viel ehrlicher zu sagen: «Lasst uns gemeinsam überlegen», statt irgendeine Antwort zu erfinden. Und der Glaube verändert sich ständig, so wie auch wir uns ständig verändern. Früher war ich etwa ganz klar gegen Sterbehilfe. Aber heute finde ich, dass es absolut berechtigte Gründe gibt. Logisch würde ich jemanden begleiten, der mich darum bittet – wie könnte ich nicht? Wer bin ich, das Leid eines anderen Menschen zu beurteilen und zu bewerten? Einen Menschen ernst nehmen, heisst, zu vertrauen, dass er Entscheidungen treffen kann, auch wenn ich anders entscheiden würde.

Glaube, der sich nicht verändert, ist tot und macht mir Angst. Denn er wird zur Ideologie und das kann schnell fundamentalistisch werden. Dann geht es nicht mehr um den Menschen, sondern darum, Recht zu haben. Was dann passiert, sehen wir nicht nur in Religionsgemeinschaften, sondern auch weltweit in der Politik nur zu deutlich. Glaube ist also eine Bewegungsfrage, eine Prozessfrage. Auch die Bibel ist prozesstheologisch. Das Buch wurde nicht von einer einzigen Person geschrieben. Da wurden Jahrhunderte zusammengefasst, es wurde wieder gekürzt, ergänzt und überarbeitet. Für mich persönlich ist die Hauptmessage der Bibel: Gott hat die Menschheit geschaffen – den «Erdling», wie es auf Hebräisch heisst. Ich glaube fest daran, dass Gott uns gemacht hat. Ich glaube nicht, dass es Zufall ist, dass wir Menschen hier sind. Dafür braucht es doch mehr. Und ich will auch gar nicht glauben, dass wir Zufall sind, bloss eine Laune der Natur. Es ist für mich viel schöner zu glauben, dass es da noch jemanden gibt, dem wir wichtig sind. Wie es in der Bibel beschrieben wird: Gott erschafft den Menschen, den Erdling. Doch dieser Erdling ist unglücklich und einsam. Also macht Gott die Tiere. Doch der Erdling findet noch immer, dass das nicht gerade das Gelbe vom Ei ist. Gott merkt: Plan A funktioniert nicht, es braucht den Plan B. Gott erkennt, dass der Erdling ein Gegenüber braucht und es entsteht das Männliche und das Weibliche. Allein das zeigt doch, dass Gott sich auf uns Menschen einlässt, dass er in Aktion tritt. Das ist eine Zusage an die Menschen auf Augenhöhe. Es zeigt auch, dass unsere Bedürftigkeit göttlichen Ursprungs ist. Gerade in unserer heutigen Gesellschaft gilt Bedürftigkeit als etwas Negatives. Alle wollen es selbst schaffen. Hauptsache, *ich* habe es geschafft – allein. Gott lehrt uns, dass unsere Begrenztheit, unsere Bedürftigkeit kein Fehler ist. Sie ist Teil von Gottes Ebenbild. Und das gibt mir enorm viel Hoffnung und Kraft. Dass ich nicht alles allein schaffen muss.

Dennoch liefert Gott mir nicht immer Antworten, sehr oft sogar nicht. Die letzten zehn Jahre seit meinem Coming-out waren schwierig. Oft genug hatte ich beim Beten das Gefühl, ich würde eine Wand anschreien. Ich wusste gar nicht mehr, wie ich beten sollte. In dieser Zeit herrschte Funkstille. Aber ich habe nicht aufgegeben. Glaube ist wie eine Beziehung. Man sagt im Idealfall nicht nach der ersten Meinungsverschiedenheit: «Du Idiot kannst gehen.» Nein, man muss einen Weg finden. Beziehungen werden ja gerade durch Krisen oft stärker. Und sie verändern sich. Und so verändert sich auch der Glaube stets. In der Bibel steht: «Der Buchstabe tötet, aber der Geist macht frei.» Das bedeutet für mich, dass es Beziehung braucht, damit etwas lebt, und nicht Regeln, die oft zwar gut gemeint sind, aber es nicht sind.

Mir hilft die Bibel in so vielen Momenten! Sie enthält so viele Geschichten, mit denen ich mich identifizieren kann, in denen ich mich wiedererkenne. Und ja, dann gibt es andere Texte, da wird es mir beim Lesen schlecht und ich frage mich: «Kann ich hinter dem stehen?» Dann ringe ich mit mir und den Texten. Das finde ich wichtig. Viele bei uns in der Kirchgemeinde, im sogenannten Hauskreis, sind am Dekonstruieren. Sie hinterfragen den Glauben, mit dem sie aufgewachsen sind, und schauen Stück für Stück, was noch passt, wo die Knackpunkte liegen, wo sie hadern. Die Frage ist am Ende nämlich nicht nur «Wer ist Gott?», sondern eben auch: «Wer bin ich?» Diese Fragen zuzulassen, ist existenziell.

Im Hauskreis beten wir am Schluss immer das Unservater. Gemeinsam ein Gebet zu sprechen, löst viel aus und trägt unsere Gemeinschaft. «Vergib uns unsere Schuld, wie auch wir vergeben unsern Schuldigern» – wenn ich selbst nicht vergeben kann, kann das vielleicht meine Gebets-Nachbarin für mich tun. Da entsteht wieder dieses Gefühl: Ich bin nicht allein. Ich darf darauf vertrauen, dass ich in dieser Glaubensgemeinschaft aufgehoben bin.

Dieses Gemeinschaftsgefühl fehlt mir in den modernen spirituellen Praktiken oft, sie sind häufig individualistisch. Man ist viel mehr auf sich allein gestellt, gemeinsame Rituale, die uns tragen, fehlen in der Gesellschaft. Die Herausforderung der Glaubensgemeinschaften ist es heute, nicht Regeln zu geben, die einengen, sondern Menschen auf dem Weg in einen mündigen Glauben zu begleiten. Alles, was mit Zwang zu tun hat, ist gefährlich. Glaube muss freiwillig sein. Wir als Kirche müssen uns überlegen, wie wir auch junge Leute erreichen. Etwa fehlt, dass wir wieder mehr lachen, meine Güte! Wo ist denn die *frohe* Botschaft? Und das Zuhören, was tatsächlich die Bedürfnisse der Menschen sind, und nicht zu glauben, man wisse besser, was sie brauchen. Es ist ein grosser Unterschied, ob ich jemandem einen Platz zuweise oder jemandem Platz mache. Das Erste passiert oft in der Kirche, dabei wäre das Zweite dringend nötig. Wir als Kirche sollten uns eingestehen: «Wir wissen auch nicht alles und das ist okay.» Am Ende sind wir alle Menschen. Es ist nicht so, dass ich als Pfarrerin Gott näherstehe als andere. Ich habe einfach das Privileg, dass ich mich beruflich damit auseinandersetzen darf.

Ich wurde auch deshalb Pfarrerin, weil ich mir während meines Coming-outs selbst eine Pfarrerin gewünscht habe, die gesagt hätte: «Ich glaube, es ist Gott egal, wen du liebst.» Heute ist es für mich das Schönste, wenn ich mich in der Seelsorge wie blöde mit den Menschen freuen kann, wenn sie sich verliebt haben. Dass ich diese Person sein kann, die sagt: «Es ist okay, dass du Angst hast und dich verloren fühlst. Das ist valid. Gott ist mit dir, du musst dich nicht stressen und sofort Lösungen haben.» Dass ich mit ihnen weinen darf über den Verlust ihres Umfelds, ihrer Familie, ihrer Gemeinschaft und ihrer Vorstellungen. Ich habe durch mein Coming-out damals sehr viele Leute verloren und fühlte mich oft verlassen. Dass ich heute noch glaube, ist ein Wunder. Dass ich nicht gesagt habe: «Tschüss, Gott» und «tschüss» zu seinem manchmal sehr versagenden Bodenpersonal.

Glaube ist im ersten Moment immer ein Gefühl. Bevor der Glaube irgendeine Form annimmt, ist er das, was wir spüren. Der Glaube ist also zuerst keine Kopfsache. Glauben ist ein Loslassen, ein Lernen zu vertrauen. Aber nur weil jemand gläubig ist, wird das Leben nicht plötzlich perfekt. Es ist auch niemand des Glaubens wegen ein besserer oder schlechterer Mensch. Es gibt Menschen, die brauchen einen Glauben, und es gibt Menschen, die brauchen keinen. Wenn du glaubst, ist da die Hoffnung, dass du nie mehr allein und im besten Falle eingebunden bist in eine Gemeinschaft, die dich mitträgt. Glauben ist Hoffnung. Ich wünsche mir, dass mehr Menschen hoffen. Wenn wir hoffen, haben wir auch eine Zukunft. «Und wenn ich weiss, dass morgen die Welt untergeht, pflanze ich heute einen Apfelbaum», hat Martin Luther gesagt. Das ist Hoffnung, das ist Glaube. Für mich ist es ein Geschenk, glauben zu dürfen.

MARTIN ITEN

«Ich habe mich bewusst für die Liebe, die Hoffnung und den Glauben entschieden»

Martin Iten, *1986, ist in Oberwil (ZG) geboren und aufgewachsen. Er ist selbstständiger Grafiker und Projektleiter sowie Gemeinderat in Zug. Er wohnt zusammen mit seiner Frau und seinem Sohn im Kloster «Maria Opferung» in Zug, das heute als religiöses Zentrum dient.

Martin, vor rund zwanzig Jahren waren wir zusammen in der Polygrafen-Lehre, du warst mein Unterstift. Ich erinnere mich nicht, dass du damals religiös warst. Täusche ich mich?
Nein, tatsächlich war ich damals nicht besonders gläubig. Obwohl, in einer gewissen Weise schon, denn genau im Sommer, bevor die Lehre startete, hatte ich ein sehr prägendes Erlebnis. Aber das behielt ich damals noch vorwiegend für mich. Ich musste erst herausfinden, was dort genau passiert ist.

Deine Familie war aber schon religiös.
Das stimmt. Ich wuchs in einer Familie auf, in der der Glaube eine Rolle spielte. Meine Eltern sind katholisch. Wir hatten katholische Vorfahren und irgendwie war einfach klar, dass wir das auch sein würden. Meine Eltern sind etwas älter, meine Mutter war 44, als ich als jüngstes von acht Kindern zur Welt kam. Wir lebten auf einem Bauernhof. Heute würde ich sagen, dass meine Mutter damals eher «ängstlich-katholisch» war. Eher eingeschüchtert und mit der Einstellung, dass man gewisse Dinge zu erledigen habe – beten, beichten, in die Kirche gehen –, damit man negative Erfahrungen vermeiden kann. Mein Vater sah alles etwas lockerer, das religiöse Leben gehörte zwar ganz natürlich dazu, aber er schlief in der Kirche während der Predigt meist ein.

Und du?
Ich glaubte nicht wirklich an Gott, lebte als Kind die Religiosität aber verständlicherweise mit. Mein ältester Bruder – er ist 17 Jahre älter als ich – rebellierte hingegen stark gegen den katholischen Glauben und stellte ihn komplett infrage.

Und somit auch alles, was bei uns zu Hause die Norm war. Ich erinnere mich, wie meine Eltern total überfordert waren, sie hatten keine Antworten auf die Infragestellungen meines Bruders. Als Reaktion darauf konzentrierte sich meine Mutter dann auf mich und meine Schwester – wir waren die Jüngsten – und intensivierte das Bemühen um unsere Glaubensbildung. Damit wenigstens wir «fromm» würden. (lacht) Sie schickte uns in eine katholische Jugendgruppe, was bei mir allerdings das Gegenteil bewirkte: nämlich die komplette Abneigung. Mit zwölf Jahren schrieb ich dann in einem Brief an die Gruppenleiter: «Ihr seht mich nie wieder.» Der Austritt aus dieser Jugendgruppe war für mich innerlich wie ein Austritt aus der ganzen Kirche.

Warum konntest du mit der Kirche und dem Glauben nichts anfangen?
Ich fand vieles verlogen, einfach oberflächlich und erlebte die Kirche nicht positiv. Ich empfand den Glauben als lästige Pflichterfüllung. Im Religionsunterricht mussten wir Mandalas ausmalen – das hat mich null interessiert, im Gegenteil, es hat mich befremdet. In der Oberstufe wurde ich dann vom Religionsunterricht dispensiert. Meine rebellische Haltung löste natürlich Konflikte mit meiner Mutter aus.

Weil du nicht gläubig warst?
Auch, aber nicht nur. Ich hatte eine sehr wilde Pubertät, war sehr exzessiv veranlagt. Manchmal war ich tagelang nicht zu Hause. Ich wollte möglichst viel ausprobieren, die Sau rauslassen, Grenzen austesten. Entsprechend hatte ich in der Sekundarschule ein fürchterliches Zeugnis und zahlreiche unent-

schuldigte Absenzen. Ich frage mich manchmal, wie ich die Lehrstelle überhaupt bekommen habe!

Du sagtest, du hättest im Sommer vor der Lehre ein prägendes Erlebnis gehabt.
Ich hatte damals mit fünfzehn das Gefühl, ich sei der «Hirsch», ich könne einfach alles. Bis ich dann mit 3,2 Promille Alkohol im Blut im Koma gelandet bin. Ich bin im übertragenen Sinn sowie auch wortwörtlich voll auf die Fresse gefallen. Ich wurde am Strassenrand liegend aufgefunden und kam auf die Notfallstation. Nach über fünf Stunden im Koma erlebte ich mehrere kurze Momente des Aufwachens. Ich erinnere mich, wie ich meine Schwester, die herbeigerufen wurde, in einem dieser Augenblicke sagen hörte: «Martin, bleib bei uns, wir brauchen dich und wir haben dich gern.» Später, als ich wieder nüchtern und über dem Berg war, berührten mich diese Worte sehr. Mir wurde klar: Wow, meine Familie, die ich in diesen wilden Jahren sehr vernachlässigte, hat mich trotz allem gern.

Was kam nach dem Absturz?
Mir war klar, dass es nicht weitergehen konnte wie zuvor. Mehr wusste ich auch nicht, ich spürte bloss, dass ein wichtiger, lebensverändernder Prozess begonnen hatte. Bevor ich dann im August die Lehre angefangen habe, meldete meine Mutter mich für eine Jugendpilgerreise nach Medjugorje in Bosnien-Herzegowina an. Das ist seit den 80er-Jahren ein bekannter Wallfahrtsort. Ich dachte mir, ich gehe da schon hin, solange sie bezahlt. Aber zu Beginn fühlte ich mich total fehl am Platz.

Warum?
Ein Bus fuhr von Zürich mit rund dreissig jungen Menschen nach Medjugorje. Ich stieg ein, kannte niemanden und dachte nur: «Scheisse, wo bin ich hier gelandet?» Ich trug meine Hose der damaligen Mode entsprechend fast an den Knien unten, während alle, die dort drin sassen, die Hose gefühlt bis unter die Schultern hochzogen hatten. Einer erzählte mir später, als er mich gesehen habe, hätte er gedacht: Entweder ist der im falschen Bus – oder ich. Ich setzte mich auf einen Platz am Fenster, der Car füllte sich, aber es getraute sich niemand, sich neben mich zu setzen. Ich war ein totaler Fremdkörper im Bus. Schlussendlich platzierte man eine Gitarre neben mir und mit ihr fuhr ich dann nach Bosnien.

Wie war es auf dem Festival?
Kaum waren wir, zusammen mit etwa 20 000 Jugendlichen, angekommen, wurde gebetet. Mir war das viel zu viel und ich nahm mir vor, mich sobald wie möglich auszuklinken. Doch dann, am 2. August 2002, am zweiten Tag des Festivals, erlebte ich etwas Unvergessliches. Es war ein Sommerabend, es dämmerte und eine sogenannte Anbetungsstunde fand statt. Alle wurden ruhig, die Leute gingen auf die Knie, Musik spielte und ich stand etwas verloren mittendrin. Was dann passierte, ist schwierig zu beschreiben. Auf einmal sank auch ich auf die Knie und ich fing an zu weinen. Etwas hat mich innerlich tief getroffen. Ich spürte eine Liebe, eine Freude, und auf einmal war in mir die klare Gewissheit: Es stimmt, es ist wahr, Gott existiert! Es war ein wunderschönes Gefühl, das sich kaum in Worte fassen lässt, das vielleicht vergleichbar ist mit der bekannten Liebe auf den ersten Blick. Im gleichen Augen-

blick traf mich aber auch die Erkenntnis, dass ich in meinem Leben echt viel Scheiße gebaut hatte, dass ich dieser Liebe, die mich traf, nicht gerecht werde. Mich erfasste ein Schuldbewusstsein, das ich vorher überhaupt nicht gekannt hatte. Dieser Moment der gleichzeitigen Freude und des Schmerzes dauerte etwa eine Stunde, fühlte sich für mich aber viel kürzer an. In meinem Herz prägte sich dabei etwas ganz tief ein. Ich spürte eine Sehnsucht, mein Leben fortan auf Gott auszurichten, ihn kennenzulernen. Das versuchte ich dann auch.

Wie hat sich dieser Weg gestaltet?
Ich ging nach Hause und eine Woche später hatte ich meine Vorsätze wieder vergessen! Die Erinnerung an diese Erfahrung war schon noch im Herzen und im Hinterkopf, aber ich befand mich damals nicht in einem Umfeld, in dem das hätte wachsen können, in dem ich dem hätte Raum geben können. Ich habe auch vieles nicht verstanden und spürte auch einen gewissen Konflikt: Ich hatte zwar für mich klar und unmissverständlich Gott erlebt, dies aber im katholischen Umfeld, von dem ich mich verabschiedet hatte. Ich konnte mir keinen Reim darauf machen. Dann habe ich das halt einfach als spezielle Erfahrung abgetan.

Wie ging es weiter?
Nach der Lehre machte ich mich direkt als Grafiker selbstständig. Ich arbeitete in den ersten zwei Jahren extrem viel, fühlte mich total ausgebrannt und merkte, dass es so nicht weitergehen konnte, dass ich auf einen Abgrund zusteuerte. Ich durchlebte eine Lebenskrise und sah die Sinnhaftigkeit in meinem Leben nicht mehr, war komplett überfordert und

orientierungslos. Ich zweifelte auch an mir als Menschen und meine grösste Sorge war, dass ich es nicht schaffe, wirklich ein Liebender zu werden. Da rief ich verzweifelt zu Gott: «Wenn es dich wirklich gibt, dann musst du mir jetzt helfen.» Meine Not brachte auch eine Offenheit dahingehend mit sich, dass ich zu Gott sagte: «Zeig mir, wie ich wirklich Mensch werden kann. Auch wenn das heisst, dass ich dafür meine Komfortzone verlassen muss und zum Beispiel nach Afrika gehen und den Menschen dort dienen soll.» Nach diesem Gebet spürte ich plötzlich, wie sich in mir die Nebelschwaden verzogen und neue Türen sich öffneten.

Aber du bist nicht nach Afrika ausgewandert, sondern auf den Wiesenberg bei Dallenwil im Kanton Nidwalden gezogen.
Ja, genau, du hast mich dort besucht. Innerhalb von zwei Wochen erhielt ich sowohl ein Angebot, für ein spannendes Projekt zu arbeiten, wie auch an einem geschichtsträchtigen und abgelegen Ort auf dem Wiesenberg zu wohnen. Ich wusste, dass das jetzt mein Weg ist. Ich habe mir dann drei Jahre Zeit genommen auf dem Berg oben, um mich vor allem mit dem Glauben auseinanderzusetzen. Früher wohnten dort Eremiten und ich fühlte mich davon inspiriert. In der Bibel gibt es viele Geschichten, in denen Menschen auf einen Berg steigen, um Gott zu begegnen. Und ich wollte ja auch Gott begegnen!

Und, bist du ihm begegnet?
Nein und ja, nicht direkt, aber irgendwie doch. Vor allem bin ich mir selbst begegnet. Die Zeit auf dem Wiesenberg war eine riesige Herausforderung und ein grosser Segen zugleich. Ich

war meist allein und musste lernen, mit mir selber umzugehen. Ich ging vielen grossen existenziellen Fragen nach, auch bezüglich des Glaubens und des Christentums. Ich setzte mich zudem mit anderen Religionen und mit Philosophie auseinander. Diese Zeit bestärkte mich in meinem Wunsch, mein Leben konkret auf Gott auszurichten. Und ich fand tiefe Wurzeln und eine Verankerung, vor allem in der Spiritualität und Mystik des Christentums. Ich verbrachte auch immer wieder Zeiten in Klöstern, zum Beispiel im Kapuzinerkloster in Zug bei der Gemeinschaft der Seligpreisungen und im Benediktinerkloster Disentis. In beiden Klöstern bin ich heute noch oft zu Gast. Ich hatte das Glück, dass ich immer sehr weise Menschen getroffen habe, Ordensleute, Eremiten, die verschiedensten Menschen. Sie verhalfen mir zu Erkenntnissen über den Glauben, aber auch über mich selbst.

Wie lebst du deinen Glauben heute?
Ein Zitat von Mutter Teresa, der kleinen Frau aus dem indischen Kalkutta, hat mich sehr stark geprägt. Sie sagte: «Gott ist nie weiter entfernt als ein Gebet.» Der schnellste Weg zu Gott sei ein Gebet. Ich spürte auf meinem Glaubensweg früh, dass ich das in meinen Alltag integrieren will: Gott am Morgen, am Mittag und am Abend zu danken und ihn anzusprechen, in allen Lebenslagen, auch wenn ich ihn brauche – «Jetzt muss du mir beistehen». Nicht nur bei den grossen Entscheidungen, sondern auch ganz praktisch, wenn ich etwas Herausforderndes schreiben muss etwa, sage ich: «Chum, Heilige Geischt, jetz muesch mer hälfe, ich bruche dini Hilf.» Gott ist immer präsent. Ich habe eine wachsende Sensibilität für das Unsichtbare, das Transzendente. Ich bin überzeugt davon, dass die

Welt nicht einfach nur materialistisch ist, dass nicht nur das da ist, was wir sehen und anfassen können. Es gibt noch eine andere Dimension, eine andere Realität, die mit uns ist und die ich jederzeit miteinbeziehen kann.

Kann man sich mit der Bitte um Hilfe darauf verlassen, dass Gott es richten wird? Passiert dafür nicht zu viel Leid auf der Erde?
Ja und nein. Gott ist sicher kein Automat, bei dem man auf einen Knopf drücken kann und bekommt, was man will. Ich habe Gott nie so erlebt.

Dennoch sagst du, er hätte dich an die Hand genommen. Erzählst von Türen, die plötzlich aufgingen.
Absolut. Aber ich musste am Ende jede Entscheidung selbst treffen. Es ist nicht so, dass auf einmal alles von Gott geregelt wird. Als gläubiger Mensch wird man nicht vor Schwierigkeiten und dem Leiden bewahrt, aber man muss diese Herausforderungen nicht allein ertragen. Ich habe den Beistand Gottes in schweren Momenten oft konkret erfahren.

Wenn in deinem Leben etwas ganz Schlimmes passieren würde, würdest du denken, es sei gottgewollt?
Ich denke nicht, dass es den einen, einzigen Plan Gottes gibt, dass sozusagen von der Ewigkeit her alles, und somit auch die Schicksalsschläge, vorbestimmt sind, oder dass tragische Ereignisse gar eine Strafe sein sollten. Es ist schwer in Worte zu fassen, aber ich fühle, dass das Leiden sehr nahe mit der Liebe verbunden ist. Jesus zeigte, was Liebe ist, er ist für uns gestorben. Es scheint paradox: Die Christen sagen, die Liebe sei das

Höchste und haben dennoch ein Kreuz, ein Folterwerkzeug, als ihr wichtigstes Symbol. Nicht etwa ein wohlgeformtes Herz, nein, ein sperriges Kreuz. Es zeigt die höchstmögliche Form der Liebe im Ausdruck der Lebenshingabe, die aber gleichzeitig auch Sterben bedeutet. Daran erkennt man doch, dass die Liebe und das Leid irgendwie einen inneren Zusammenhang haben. Ich bin sicher, dass es keine echte Liebe gibt ohne eine Dimension des Leidens, des Mitleidens. Aber klar, passiert etwas Fürchterliches, ist dieses Leid schwer auszuhalten und keineswegs zu verharmlosen. Ich habe das auch schon erlebt.

Magst du davon erzählen?
Vor zehn Jahren fiel ein Baum auf das fahrende Auto meines Schwagers. Nach diesem Unfall war er geistig und körperlich stark beeinträchtigt, vor zwei Jahren ist er nach langem Leidenskampf gestorben. Es war fürchterlich, besonders für meine Schwester und ihre Familie! Und natürlich stellte ich mir all die Fragen: Warum ist das passiert? Warum ist der Baum nicht eine Sekunde später umgekippt? Warum hat Gott dieses grosse Leiden nicht verhindert? Mein Schwager war zwar noch da, aber schwerbehindert und zunehmend auch aggressiv. Meine Schwester war plötzlich mit einem Mann verheiratet, der nichts mit dem Menschen zu tun hatte, in den sie sich verliebt, dem sie im Ehegelübde die Liebe versprochen hatte. Sie stand genau vor dieser riesigen Frage: Warum? Ich ging diesen Weg sehr nahe mit ihr und habe die Nacht, in der die Notoperation stattfand, auf den Knien in einer Kirche verbracht. Ich habe innerlich zu Gott geschrien, ihn angefleht: «Sei du jetzt in diesem Operationssaal, schau, dass das wieder gut kommt!» Aber es kam nicht gut, es wurde bloss immer noch schlimmer.

Fühltest du dich nicht komplett im Stich gelassen?
Gefühlsmässig hätte ich sofort Atheist werden können und sagen: «Okay, Gott, mit dir habe ich nun abgeschlossen, du bist wohl eine Illusion.» Aber was wäre mir dann als Option geblieben? Frustration? Zynismus? Ich habe mich dann dafür entschieden, Gott zu bitten: «Hilf mir, das alles zu verstehen! Hilf meiner Schwester, der Familie, hilf uns durch dieses Leid hindurch.» Was meine Schwester zu ertragen hatte, war eine immense Last, schier unmenschlich schwer. Wir sehen bis heute keinerlei Sinn in diesem Unfall, ganz im Gegenteil. Und wie schon gesagt, ich bin der Letzte, der denkt, das Leiden sei harmlos. Ich verabscheue solches Gerede, das schweres Leid frömmlerisch kleinmachen will. Man kann das Leiden weder schönreden noch relativieren. Aber man kann es Gott anvertrauen. Und das haben wir versucht, auch wenn es so unfassbar schwierig war. Wir haben Gott um Hilfe gebeten und es sind Fügungen passiert, die uns zeigten, dass Gott um unsere Situation sehr konkret weiss und trotz allem mit uns ist. Diese Erfahrung macht mir Mut.

Du redest von Erfahrung, auch damals, als du auf der Pilgerreise auf die Knie gesunken bist und plötzlich etwas Riesiges, nie Dagewesenes gespürt hast. Glaubst du, dass man den Zugang zum Glauben eher über die Erfahrung und über das Erleben findet als über die Ratio?
Ich persönlich brauchte beides. Bei mir hat der Glaube durch ein persönliches Erlebnis angefangen und ich habe ähnliche Erfahrungen auch später immer wieder machen dürfen. Aber ich habe dann den Glauben auch intellektuell auf die Probe gestellt, ihn auseinandergenommen und durchgeschüttelt.

Daher glaube ich schon, dass es auch einen sehr rationalen Zugang gibt. Heute ist mir dieser fast wichtiger. Nur gefühlbasierter, emotionaler Glaube passt für mich nicht mehr, trotz dieser tiefen, lebensverändernden Erfahrungen. Denn es gab auch Jahre, in denen ich nichts fühlte. Auch gerade jetzt bin ich einer Phase, in der ich nicht sagen kann: «Yeah, ich spüre Gott jeden Tag wie meinen besten Buddy.»

Lässt dich diese Funkstille zweifeln?
Nein, im Gegenteil. Der Glaube ist letztlich auch eine Entscheidung, genau wie die Hoffnung und die Liebe! Wir reden zwar immer von Gefühlen. Klar, Gefühle sind wichtig und sie können sich einstellen. Aber sie können auch wieder aufhören. Sie kommen und gehen, würde ich schon fast sagen. Liebe ist mehr als das. Sie ist eine Entscheidung. Und ich habe mich bewusst für die Liebe, die Hoffnung und den Glauben entschieden. Religion ist nicht einfach «nice to have», etwas, das irgendwelche spirituellen Gelüste befriedigt. Ich bin kein «gefühls-spiritueller» Mensch, für mich ist Religion nicht ein Mantel des Wohlfühlens. Für mich ist der Glaube der Kompass in den existenziellen Fragen und ganz vernünftig begründet.

Und wie kannst du es begründen, zur Katholischen Kirche zu gehören, trotz zahlreicher Vorfälle von sexuellem Missbrauch?
Sexueller Missbrauch ist eine absolute Katastrophe und eine Aufarbeitung ist zwingend. Wir müssen über den Missbrauch in der Kirche sprechen und ihn mit allen Mitteln verunmöglichen! Was man sich aber auch bewusst sein muss: Missbrauch kommt bei Weitem nicht nur in der Kirche, sondern überall in

unserer Gesellschaft vor. Leider besonders auch in Familien. Egal, wo er passiert, Missbrauch ist untragbar. Auch Missbrauch, der auf geistiger Ebene passiert. Die Generation meiner Eltern wuchs in einem moralisierenden, oft missbräuchlichen Kirchensystem auf, das leider auch heute noch teilweise existiert. Vieles hat sich seither zum Guten gewandelt, vieles leider noch nicht. Die Katholische Kirche ist eine riesige Organisation und über das ganze Erdenrund verteilt. Sie ist 2000 Jahre alt und geht auf eine Religionsgeschichte zurück, die nochmals ein paar Tausend Jahre auf dem Buckel hat. Da brauchen Veränderungen einerseits länger, was ärgerlich ist, andererseits hilft diese Schwerfälligkeit manchmal auch, nicht jedem Zeitgeist zu schnell zu erliegen. Ich finde es in gewissen Bereichen manchmal auch wertvoll, dass man nicht immer sofort jeden Trend mitmacht.

Diese Haltung finde ich in Bezug auf gewisse Dinge schwierig, zum Beispiel, wenn es um die gleichgeschlechtliche Ehe geht, die noch immer nicht akzeptiert ist. Das ist doch kein «neuer Trend, den man sofort mitmacht».
Die Frage nach einer gleichgeschlechtlichen Ehe ist theologisch sehr komplex. Wir reden da nicht über eine staatliche Ehe, die ja jetzt möglich ist, sondern über eine sakramentale. Sakramente haben im katholischen Glauben aber eine immense Bedeutung, sie befinden sich im Herz des kirchlichen Verständnisses. Umso vorsichtiger hat man zu sein, wenn neue Auslegungen verlangt werden. Meine Haltung ist, dass es zwischen verschiedenen Partnerschaftsformen Unterschiede gibt und geben darf, und dass diese auch weiterhin erkennbar

sein dürfen. Ich meine das nicht nur in Bezug auf eine gleichgeschlechtliche Ehe, sondern auch auf die Geschlechterfrage allgemein. Ich bin nicht der Ansicht, dass Mann und Frau unterschiedslos gleich sind. Gleich an Würde und gleich an Wert natürlich schon, das ist klar! Ich habe aber sehr grosse Skepsis gegenüber der Auffassung, das biologische Geschlecht spiele letztlich keine Rolle und man könne ungesehen davon selber definieren, welches Geschlecht man sein will. Natürlich ist jede Person frei in ihrer Gefühlswelt. Aber ob jetzt ein biologischer Mann, der sich selbst als Frau definiert, dadurch tatsächlich eine gleichwertige Frau wird, bezweifle ich. Denn dadurch muss sich doch jede Frau fragen: «Ist das, was sich hier als Weiblichkeit ausgibt, wirklich Teil meiner eigenen weiblichen Erfahrung, oder wird diese nicht vielmehr imitiert?» Ich will das Leid von sich im falschen Körper fühlenden Menschen keineswegs kleinreden! Aber ich finde, dass es legitim sein muss, jedes intellektuelle Konstrukt in Frage zu stellen und gar zu bezweifeln.

Ich habe das Gefühl, diese Fragen über Missbrauch, Homosexualität und Gender nerven dich.
Da hast du nicht ganz unrecht. Natürlich gibt es Dinge im Christentum, im Katholizismus, die überhaupt nicht in Ordnung sind. Die Kirche bringt einen grossen Ballast mit sich und muss sich in vielerlei Hinsicht erneuern. Aber es ist auch einfach, auf den immer gleichen Dingen herumzuhacken. Ständig wird man als katholischer Christ herausgefordert, auf diese meist theologisch tiefgreifenden Knackpunkte eine schnelle Antwort parat zu haben. Das ist manchmal schwierig. Auch weil dabei oft vergessen geht, welch positive Dinge die

Kirche an so vielen Orten hervorbrachte und noch immer hervorbringt. Ich war in den Favelas in Brasilien und habe gesehen, wie die Mutter-Teresa-Schwestern in einem Gebiet, in dem nur noch sie und keine Polizei oder andere Organisation geduldet werden, täglich Kinder einsammeln, sie waschen, ihnen Essen geben und vor allem Liebe schenken. Ich kann bezeugen, wie diese Menschen ganz konkret und selbstlos ihr Leben für bedürftige Menschen hingeben. Wenn ich an die Kirche denke, denke ich vor allem an solche Menschen, solche Werke, solche Erfahrungen. Das Christentum hat die flächendeckende humanitäre Hilfe begründet. Mich nervt es tatsächlich, wenn ich nie darüber, sondern immer nur über den Vatikan, über Kreuzzüge, über Hexenverbrennung und über Missbrauch reden muss. Lass uns doch mal über den liebevollen Blick reden.

Was meinst du damit?
Der Regisseur Wim Wenders hat in seinem Dokumentarfilm «Papst Franziskus – Ein Mann seines Wortes» diesen Begriff des liebevollen Blicks vertiefend ausgelegt. Er meint, dass wir leicht alles kritisieren können, was wir in der heutigen Zeit ja gerne tun. Unser Leben besteht oft nur noch daraus, dass wir uns durch Kritik von anderen abgrenzen wollen und dadurch auch die eigene Welt immer mehr eingrenzen, kleiner machen. Demgegenüber kann man die Welt aber auch mit liebevollem Blick betrachten, so wie eben Papst Franziskus dazu einlädt. Das versuche ich auch bezüglich meines Blicks auf die Kirche. Wenn sich etwas verändern soll, dann ändert es sich nur durch Liebe, das ist überall so. Ich kann meine Frau dauernd kritisieren – das mache ich natürlich manchmal auch, genau

so wie sie mich –, aber am Ende verändert nur eine liebevolle Kritik wirklich etwas zum Guten hin. Und wie schon gesagt, ist die Liebe eine Entscheidung. Ich habe mich entschieden, die Kirche trotz allem zu lieben, trotz der Dinge an und in ihr, die ich nicht verstehe – und das sind einige. Es ist nicht immer einfach.

Wie gelingt es dir dennoch?
Weil ich anerkenne, dass mir die Kirche hilft, mein tägliches Leben zu bestreiten, etwa durch ihre Spiritualität, die Mystik und die wertvolle Gemeinschaft. All das kann und will ich nicht über Bord werfen. Statt mich abzuwenden, will ich mich dafür einsetzen, dass es besser, authentisch und glaubwürdiger wird. Dass vor allem und zuerst auch ich so lebe, dass die Kirche durch mich glaubwürdiger wird.

Bis es so weit ist, werden viele Menschen der Kirche den Rücken kehren und sich von ihr abwenden.
Ich finde den Ausdruck «abwenden» falsch gewählt. Denn abwenden kann man sich ja nur, wenn man vorher zugewandt war. Aber fast niemand ist der Kirche wirklich überzeugt zugewandt, die meisten Leute erleben Taufe, Erstkommunion und Firmung einfach, weil «man» das so macht, weil es Tradition ist und dazugehört. Die wissen oft gar nicht, wie ihnen geschieht. Zudem werden ihnen diese Glaubensschritte so niederschwellig dargeboten, dass sie kaum die spirituelle Bedeutung dieser Ereignisse fassen können. Die Kirche funktioniert bei uns immer noch volkskirchlich, obwohl diese Volkskirche, die eine gesamte Gesellschaft umfasste, schon längst passé ist. Vieles ist ruinös und wird bald kollabieren. So wie die Kirche heute

insbesondere auch in der Schweiz dasteht, hat sie meist keine Glaubwürdigkeit.

Du warst früher nicht religiös, dein Freundeskreis ebenfalls nicht. Hast du durch deinen Glauben Freunde verloren?
Religiös zu sein, ist nicht besonders in und katholisch zu sein schon gar nicht! Ich lebte meinen Glauben auch deswegen anfänglich nur für mich. Zum grossen «Outing» kam es durch ein Interview im Zuger Pfarreiblatt, von dem ich dachte, das würde sowieso niemand lesen. Also beantwortete ich die Fragen zu Kirche, Papst und Glaube. Danach kam es mir vor, als hätte die halbe Welt dieses Interview gelesen! Innerhalb weniger Monate hatte ich mehr als dreissig Gespräche deswegen – ich zählte sie! Ich war etwas überrumpelt. Von all den Gesprächen war jedoch nur ein einziges negativ. Ich habe durch meinen Glauben also keine Freunde verloren. Vielmehr wollten sie meine Meinung hören zu den existenziellen Fragen. Ich werde bis heute immer wieder von Leuten angesprochen, die Antworten suchen, die eine spirituelle Sensibilität haben. Wer kommt nicht irgendwann in eine Lebenskrise, scheitert oder hat mit einem Verlust zu kämpfen? Dann rufen sie mich manchmal an, weil sie Fragen haben. Ich glaube, die Suche nach Gott und nach einem tragfähigen Glauben, diese Sehnsucht, verstärkt sich wieder.

Warum?
Vielleicht ist es eine Generationenfrage. Viele in meinem Umfeld sind um die vierzig, haben schon einiges gesehen, viele haben Kinder oder werden zum ersten Mal mit dem Tod konfrontiert. Das wirft Fragen auf. Gerade vor ein paar Tagen

schrieb mir ein Freund, dass bei seiner Mutter ein unheilbarer Krebs diagnostiziert wurde und auch der Vater in einem schlechten gesundheitlichen Zustand sei, dass wohl beide bald sterben würden. Er wollte wissen, wie er mit seinen Kindern über das Sterben und den nahen Tod ihrer Grosseltern reden kann. Er arbeitet im Fussball-Business, hat vieles seiner Karriere untergeordnet und sich – so mein Eindruck – bisher wenig mit diesen existenziellen Fragen auseinandergesetzt. Jetzt wird er damit konfrontiert und kann sie nicht einfach ausblenden, muss für sich Antworten und auch eine Sprache finden.

Der Tod wird häufig ausgeblendet.
Und wie, er wird weitgehend verdrängt! Das Kloster, in dem ich mit meiner Familie jetzt lebe, war früher ein Frauenkloster. Einige der Schwestern haben noch hier gelebt, als wir eingezogen sind. Zwei von ihnen durfte ich bis zu ihrem Tod begleiten, der einen sogar wortwörtlich das Grab schaufeln. Und ich kann nur sagen: Wenn ich einmal so sterben darf, wie es diese gottesfürchtigen Frauen taten, bin ich sehr froh!

Stirbt man besser, wenn man gläubig ist?
Wohl nicht zwingend. Aber diese Schwestern haben sich ihr Leben lang darauf vorbereitet. Der Tod war bei ihnen sehr präsent, und zwar täglich. Jeden Tag wurde für eine gute Sterbestunde gebetet, unter anderem im sogenannten Bethaus, einem Raum hinten in der Kirche. Dort haben die Schwestern täglich dreieinhalb Stunden gebetet, immer mit dem Blick zum Altar. Rechts daneben gibt es eine ganz kleine Tür, die direkt zum Friedhof führt. Dort geht niemand einfach so hindurch, sie ist bestimmt für den letzten Gang. Sie war beim stundenlangen

Gebet immer im Augenwinkel präsent. Das Leben vom Tod her verstehen, das ist die grosse Herausforderung. Ich frage mich immer wieder: Was in meinem Leben behält auch im Angesicht meines Todes seine Gültigkeit?

Glaubst du an das letzte Gericht, an Himmel und Hölle?
Ja, auf jeden Fall. Nur schon rein aus einer Perspektive der Vernunft. Letztlich haben alle von uns einen freien Willen und wir können uns für gute oder für schlechte Sachen entscheiden. Und die meisten Menschen – ich schliesse mich da ein – entscheiden sich immer wieder willentlich für schlechte Sachen. Da muss es irgendwann eine Konsequenz geben und Gerechtigkeit wieder hergestellt werden.

Für mich klingt es etwas nach Wunschdenken, dass am Ende Gerechtigkeit herrscht.
Es gibt bedeutende Theologen, die in Erwägung zogen, dass niemand in der Hölle sei, weil Gott so voll von Barmherzigkeit ist, dass davon auch die grössten Übeltäter und Sünder erfasst würden. Aber schau dir mal Stalin, Hitler oder Mao Zedong an – gibt es einen Ort, an dem gesühnt werden kann, dass Mao Zedong 52 Millionen Menschen auf dem Gewissen hat? Kann ein Massenmörder im Paradies landen und von seiner Schuld befreit werden? Wäre das gerecht?

Wem wird vergeben und wem nicht?
Es kann nur vergeben werden, was wirklich bereut wird. Vielleicht hat Mao Zedong im Angesicht seines Todes echt bereut und Gott hat sich seiner erbarmt. Ich hoffe es für ihn. Aber es gibt auch Menschen, die bewusst nicht bereuen. Das ist

ihre Freiheit. Aber dann sollen sie auch die Konsequenzen für diese Freiheit tragen. Trotzdem glaube ich in erster Linie an den Himmel, und nicht primär an die Hölle. Ich glaube auch nicht zuerst an den Teufel, sondern an Gott. Die Christen richten sich immer nach dem Licht aus und sollten sich nicht zu sehr mit der Dunkelheit befassen. Alle alten Kirchen sind nach Osten ausgerichtet gebaut worden, immer dorthin, wo die Sonne aufgeht. Auch ich versuche mich immer am Licht zu orientieren, das ist meine Lebenshaltung. Aber ich glaube tatsächlich, dass unser schlechtes Handeln eine Konsequenz haben muss. Es gibt fürchterliches Leiden, das von Menschen ausgeht. Die Vorstellung, dass dies nachher keine Rolle spielt, finde ich unbefriedigend. Glaubt man an kein Gericht am Ende des Lebens, spielt es doch auch gar keine Rolle, wie man lebt.

Aber genau darum könnte man doch argumentieren, dass das Christentum einfach als Regelwerk dient, damit die Menschen sich recht benehmen, weil sie nämlich Angst vor der Konsequenz haben. Wäre ein intrinsisch motiviertes Menschsein zum Guten nicht etwas anderes?
Ja, das kann man so sehen. Eine Angstmacherei gab es in der Kirche und gibt es sicher da und dort noch heute. Ich persönlich erlebe das Christentum und auch die katholische Lehre aber überhaupt nicht als kontrollierendes Regelwerk, im Gegenteil. Ich würde sogar sagen, dass die Zehn Gebote – die im Christentum durchaus eine gewisse Bedeutung haben – nicht Verbote, sondern viel mehr Angebote sind. Sie sind in Worte gefasste Weisheit, nach der man leben kann und dabei merken wird: Es funktioniert, es verhilft zum Glück! Durch die Zehn Gebote kann ich so werden, wie ich als Mensch wirklich

gedacht bin. Und im Weiteren geht es ja auch darum, wie wir unser Zusammenleben organisieren, denn Existenz bedeutet immer auch Koexistenz mit anderen. Es braucht begründete Regeln als Rahmenbedingungen für ein gutes Leben für alle.

Droht der gesellschaftliche oder moralische Zerfall ohne Religion?
Der Rechtsphilosoph Ernst-Wolfgang Böckenförde sagte: «Wir leben als Gesellschaft von Voraussetzungen, die wir selbst nicht garantieren können.» Wir sind im Rechtsverständnis also auf Höheres, Übernatürliches angewiesen, das uns Grundlagen gibt. Und ich glaube, diese Tatsache geht über das Recht hinaus. Eine areligiöse Gesellschaft wird grosse Mühe haben, sich in guter Weise ordnen zu können. Ich glaube schon, dass unsere Gesellschaft viel opfert und verliert, wenn sie allein nach materialistischen Gesichtspunkten handelt. Gewisse atheistische Systeme haben das versucht im letzten Jahrhundert. Die kannten eine eigene Moral, waren gar sehr moralisierend, aber was dabei rauskam, war absolut schrecklich. Doch ich glaube ohnehin nicht, dass die Religionen verschwinden werden, im Gegenteil.

Warum nicht?
Die Gesellschaft wird sich immer fragen müssen, woher sie kommt. Wir in Europa profitieren von vielen Errungenschaften, die auf dem jüdisch-christlichen Gottes- und Menschenbild fussen. Unser Denken und unsere Kultur sind stark geprägt von der griechischen Philosophie, vom jüdisch-christlichen Glauben und von der Kultur des Römischen Reichs, durch die das Christentum aufgeblüht ist. Athen, Jerusalem,

Rom – dieses Dreieck ist der Nährboden der europäischen Kultur. Ich würde mir wünschen, dass man wieder vermehrt und ernsthaft darüber nachdenkt und nachforscht, was das für uns heute bedeutet. Ich sehe grosse Schätze direkt vor unserer Haustüre und in unserer eigenen Geschichte «rumliegen». Ich finde die südostasiatischen Religionen oder östlichen Praktiken auch faszinierend und beobachte, dass viele Leute sich sehr stark darauf einlassen können, während sie eine Abneigung gegen das Christentum haben oder sich dort nicht zuhause fühlen.

Woran liegt das?
Das kannst du vielleicht besser selbst beantworten, dir geht es ja auch so.

Das stimmt, ich fühle mich vom Katholizismus zunehmend abgestossen. Ich erinnere mich zum Beispiel an einen prägenden Moment nach dem Tod meines Grossvaters. Wir haben uns am Vorabend der Beerdigung in der Kirche zum Gebet eingefunden. Mir ist der genaue Wortlaut nicht mehr präsent, aber die Hauptaussage war – zumindest gefühlt: Ich bin eine Sünderin, vergib mir. Mich macht es traurig, dass man die Menschen im Katholizismus grundsätzlich als sündig betrachtet. Während man zum Beispiel im Buddhismus davon ausgeht, dass der Mensch – und zwar jeder Mensch – im Kern gut ist und durch Erfahrungen und Verstrickungen zu unguten Taten fähig ist. Die Annahme, dass der Mensch im Kern gut ist, deckt sich viel mehr mit meiner grundsätzlich lebensbejahenden Einstellung. Oder auch Buddha, der sagte, man sollte nicht einfach glauben,

sondern stets alles hinterfragen. Dazu finde ich den Zugang leichter. Ob ich jetzt Buddhistin werden möchte und etwa auch an die Reinkarnation glauben kann, weiss ich nicht. Aber was ich – und ich bewege mich da bloss an der Oberfläche, das ist mir bewusst – wahrnehme, ist mir näher als der Katholizismus.

Vielleicht auch – oder gerade – deshalb, weil der Buddhismus weiter weg ist. Es ist einfacher, etwas aus der Distanz zu mögen. Und das Christentum ist ein Stück weit auch ausgelaugt und einige haben negative Erinnerungen daran, weil sie ähnliche, abstossende Erfahrungen gemacht haben wie du. Ich hatte das Glück, dass ich wirklich authentisches Christentum, das mich zu überzeugen vermochte, kennengelernt habe.

Verpassen Menschen, die nicht glauben, etwas?
Jeder Mensch muss seinen Weg selber gehen, ich möchte niemandem ein Defizit unterstellen. Ich habe meine Biografie und meinen weiten Weg gebraucht, damit ich den Glauben entdecken konnte. Heute könnte ich mir unter keinen Umständen vorstellen, nicht religiös zu leben. Für mich ermöglicht der Glaube erst den Zugang zur ganzheitlichen Welterfahrung, welche die Wirklichkeit, die Transzendenz, das Übernatürliche und das Göttliche miteinschliesst. Ich persönlich könnte das Leben ohne diese Dimension nicht mehr verstehen. Und mir scheint, dass viele Menschen heute ähnliche Erfahrungen machen. Viele spüren, dass da mehr sein muss, sonst gäbe es ja diesen Boom der Spiritualität und der Esoterik gar nicht. Ausgerechnet in einer so hochentwickelten und wohlstandsgeprägten Zeit sind so viele Menschen spirituell offen. Das ist doch interessant! Wir wohnen ja in einem Kloster. Da kommen

stets viele Besuchende, das Interesse ist erstaunlich gross. Sie wollen wissen, wie ein Kloster funktioniert, was dort passiert, wofür es steht und so weiter. Die Leute saugen das Wissen auf, gerade jene mit wenig religiöser Vorbildung, jene, die bisher nichts mit der Kirche zu tun hatten. Das hängt sicher mit der alten und doch immer wieder neu aktuellen Frage zusammen: Was – oder wer – steckt denn eigentlich tatsächlich hinter dem Leben und gibt allem Sinn?

ALEXANDRA KRUSE

«Die Spiritualität rettete mir das Leben»

Alexandra Kruse, * 1978, ist in Bielefeld geboren und hat Modejournalismus studiert. Sie hat eine langjährige Karriere als Stylistin grosser Stars hinter sich. Heute schreibt sie Horoskope für Frauenzeitschriften und gibt Online-Kurse. Sie ist Mutter eines Sohnes und lebt in Zürich.

Wenn jemand sagt, Astrologie sei Bullshit, ist das einzig und allein das Problem dieser Person. Und zum Glück nicht meins! Die Astrologie ist für mich ein absolut praktisches und im täglichen Leben anwendbares Tool zur Selbsterkenntnis, das dadurch auch dazu führt, dass wir uns untereinander besser verstehen. Und ob das jetzt einen wissenschaftlichen Hintergrund hat oder nicht, ist mir egal. Für mich geht jeden Tag die Sonne auf und der Mond unter, ich brauche überhaupt gar keinen Beweis dafür. Astrologie ist eine archetypische Lehre, sie repräsentiert grundlegende menschliche Erfahrungen, Emotionen und Verhaltensweisen. Astrologie existiert schon so lange, wie Menschen auf dem Planeten wandeln. Ich habe sehr viel Mitgefühl mit jenen Menschen, die nicht daran glauben, und dann aber trotzdem merken, dass sie bei Vollmond extreme Schwingungen spüren und Frequenzen wahrnehmen. Ich stelle es mir ganz grausam vor, wenn man sich so sehr dagegen wehrt! Es ist viel logischer, mit der Energie zu fliessen, als sich mit dem Kopf bewusst dagegenzustellen. Mir wäre das viel zu anstrengend. Für mich ist diese Energie zu hundert Prozent real, gar keine Frage.

Ein Horoskop ist eine Sternenkarte, die im Moment des ersten Atemzugs eines Menschen gefertigt wird. Als hätte jemand von oben ein Foto gemacht. In der Mitte ist der Mensch und rundherum sind die Planeten verteilt. Auf dieses Bild wird ein Kreis gelegt und in zwölf Stücke unterteilt. Dann schaut man, was im eigenen Kuchenstück drin ist, und kann etwa erkennen, wie man lebt, wie man kommuniziert, welche Stärken und Schwächen man mitbringt. Daraus kann eine Standortbestimmung abgeleitet werden, und man findet zum Beispiel heraus, welche Talente man hat. Ein Horoskop kann so darin unterstützen, den eigenen Weg zu finden, und ermutigen, ihn auch zu gehen.

Klar, die Horoskope in den Magazinen passen für alle irgendwie. Wir gehen in der sogenannten Heftli-Astrologie, für die ich schreibe und zu der ich auch stehe, ausschliesslich vom Sonnenzeichen aus. Das ist nur ein winziges Stück eines ganz grossen Kuchens. Für mich sind diese Textlein vor allem eine Art Motivationsschub und eine Einstiegsdroge in ein Thema, das sehr viel komplexer ist. Es geht darum, dass die Menschen etwas lesen, das ihr Herz öffnet, ihren Geist fordert und ihnen ein gutes Gefühl gibt. Die Horoskope sind ein trojanisches Pferd, das ich massenwirksam publizieren darf. Und dafür bin ich total dankbar, weil die Astrologie einfach einen riesigen Raum einnehmen darf und soll. Ob Horoskope wissenschaftlich präzise sind oder nicht, ist mir egal! Ich bin ja auch nicht Gott!

Obwohl, ein bisschen schon, denn ich glaube daran, dass wir alle Gott sind oder zumindest etwas Göttliches in jedem Menschen steckt. Ich bin klassisch evangelisch aufgewachsen und ich wurde konfirmiert. Ich weiss noch genau, wie wir in der Vorbereitung auf die Konfirmation Ballons steigen liessen zu Gott. Damit schien ganz klar zu sein, dass Gott über uns steht. Das machte für mich überhaupt gar keinen Sinn! Wenn es wirklich so jemanden wie Gott gibt, kann er oder sie doch nur unter uns wirken und ist bestimmt kein alter weisser Mann mit einem langen weissen Bart. Zudem stehe ich der Kirche als Institution wahnsinnig kritisch gegenüber, weil es einfach nicht okay ist, was in ihrem Namen alles passiert ist. Die Hexenverbrennung etwa, dort fängt mein Problem schon an. Und wir dürfen jetzt nicht glauben, dass das alles so wahnsinnig lange her ist, die Kirchen bringen üble Sachen mit sich bis heute. Ich sehe natürlich die positiven Aspekte der Kirche. Ich bin ganz sicher, dass Frauen in klösterlichen Glaubensgemeinschaften irre gut aufgehoben sind, dahinter steht ja auch ein Sicherheitsaspekt. Und ich glaube auch, dass die Kirche, wenn es eine freie Form ist, in ihren Räumen sinnvolle Veranstaltungen durchführt, Frauenarbeit leistet und Kindergärten leitet und so weiter. Aber wenn dann jemand kleine Jungs hinter den Altar zieht, bin ich natürlich raus.

Das Übersinnliche war immer präsent in meinem Leben. Meine Mutter hat einen unglaublich schönen Garten. Und diesen Garten pflanzt, pflegt und wässert sie bis heute nach dem Mond. Ich bin also mit dem Verständnis aufgewachsen, dass der Alltag nach den Mondphasen gestaltet werden kann. Wäsche machen, ausmisten, putzen – meine Mutter hatte erkannt, dass es überhaupt gar keinen Sinn macht, die Fenster zu putzen, wenn der Mond scheisse steht, weil sie dann sowieso gleich wieder schmutzig werden. Astrologie hat also auch sehr praktische, pragmatische Aspekte und ich finde geil, dass sie so anwendbar ist. Praktisches Wissen ist das, was ich in meinen Kursen lehre. Wenn wir uns zum Beispiel nach dem Mond ausrichten, anstatt nach der Sonne zu leben, dann ist das gerade für weiblich gelesene Menschen auf jeden Fall der klügere Weg. Das ist ein Leben mit der Natur.

Ich wohnte eine Zeit lang in Berlin, wo ich nicht gerade mit der Natur gelebt habe und nicht die gesündeste Phase meines Lebens verbrachte. Ich weiss nicht, wie oft ich vom Barhocker gefallen bin! Doch ich hatte – wie meine Mutter schon – immer die «Astrowoche», ein wöchentliches Astrologie-Magazin, abonniert. Ich las das Heft stets und wusste so immer, was in den Sternen gerade los ist und habe das den Leuten in meinem Umfeld immer erzählt. Damals war ich als Stylistin in der Fashion-Branche tätig und in dieser Bubble wurde die Astrologie langsam populär, es war ein hippes Underground-Thema. Auf dieser Welle bin ich mitgeschwommen und ich habe dann irgendwann angefangen, selbst Horoskope zu schreiben. Ich habe quasi auf die Nachfrage reagiert. Dadurch, dass ich so stark im Lifestyle und in der Popkultur verankert bin, habe ich einen guten Ton, ich kann das sehr nahbar vermitteln. Das ist wohl einfach mein Talent. Aber das Schreiben an sich ist nicht einfach für mich, ich bin Legasthenikerin! Darum wurde ich ja auch Stylistin, weil bei der Arbeit mit Klamotten niemand fragt, ob ich den Punkt am richtigen Ort mache.

2012 ist mein Sohn Kosmo geboren und wir verbrachten längere Zeit in Bali, was eine sehr spirituelle Erfahrung war. Danach hatte ich meinen letzten grossen Job als Stylistin, mein absolutes Karriere-Highlight mit – Gott habe sie selig – Tina Turner. Sie hat mich unglaublich beeindruckt, sie hat als Buddhistin sowieso schon mal auf ganz anderer Ebene geschwungen. Ich verbrachte drei intensive Tage mit ihr. Ich weiss noch genau, wie fix und fertig ich danach war und wie ich in den Sandkasten heulte, während mein Sohn darin spielte. Die Zeit mit Tina Turner war wunderbar gewesen, aber solche Jobs sind auch wahnsinnig anstrengend und emotional. Ich dachte: Mehr kann ich als Stylistin auch nicht mehr erleben. Zudem fiel es mir zunehmend schwer, mich in dieser Corporate-World zu bewegen. Sie hat mich fertig gemacht. Ich arbeitete viel für namhafte Firmen, Grossbanken und Versicherungen und vielerorts herrschte eine üble Energie, es gab so viele böse Leute.

Ich erinnere mich auch an die Fussballerauszeichnung «Ballon d'Or» der Fifa. Ich war backstage mit den Fussballern, die alle total nett und süss waren. Aber dann waren da auch die ganzen Funktionäre, die eine Ausstrahlung hatten wie blutrünstige Vampire. Ich konnte und wollte mich nicht mehr in einer korrupten und geldgetriebenen Welt bewegen und habe wirtschaftlich gesehen eine total dumme Entscheidung getroffen: Ich hängte meine Stylistinnen-Karriere an den Nagel. Mein damaliger Partner und Vater meines Sohns ist DJ und Lebenskünstler, von seiner Seite kam keine finanzielle Unterstützung. Ich schrieb mir also die Finger wund, und alle, die schreiben, wissen, wie viel man dafür bekommt, nämlich drei Mal nichts.

Trotzdem hat es immer irgendwie funktioniert. Ich hatte viel Erfolg mit den Horoskopen und habe sehr schnell für grosse Magazine mit noch grösseren Auflagen geschrieben. Und das, obwohl ich in der grössten Krise meines Lebens steckte. Mein Vater hatte sich das Leben genommen, mein Partner entschied kurz darauf, dass er die Familie verlassen wollte und meine Schwester starb weniger als ein Jahr nach dem Tod unseres Vaters an Krebs. Ich war total am Arsch! Ich durchlebte Prozesse, die so tief waren, dass ich nicht mehr wusste, wo unten und wo oben ist. Die Horoskope halfen mir in dieser Zeit. Nicht nur mit ihrem Inhalt, sondern vor allem auch, weil ich einfach weiterschreiben musste, weil ich jede verdammte Woche diese Horoskope abliefern musste. Das Universum macht keine Pause.

Auch meine jahrelange spirituelle Praxis hat mir viel Resilienz verliehen. Hätte ich diese Anbindung nicht gehabt, wäre ich wahrscheinlich als nächste meinem Vater und meiner Schwester hinterhergegangen. Die Spiritualität rettete mir das Leben. Ohne sie könnte ich nicht sein. Natürlich gibt es trotzdem immer wieder Herausforderungen, zum Beispiel gerade heute ist ein richtiger Scheisstag. So ein «Awakening», ein spirituelles Erwachen, ist nichts für schwache Nerven. Da kommt viel hoch, man muss sich durch Schlamm kämpfen und ist nicht immer nur happy und spielt mit seinen Feen-Flügelchen. Daraus mache ich kein Geheimnis. Auch auf Instagram bin ich immer zu hundert Prozent authentisch, ich kann gar nicht anders. Spiritualität im Alltag ist nicht nur hübsch. Darum kann ich auch jeden Menschen verstehen, der lieber in der Verneinung bleibt und sagt: «Übersinnliches gibt es nicht.» Aber gerade verändert sich so viel, immer mehr Menschen öffnen sich für diese andere Realität. Ich glaube, die Intensität dieser Schwingungen wird so stark zunehmen, dass es für die meisten Menschen gar nicht mehr möglich sein wird, sich zu verweigern. Irgendwann werden sie merken: Da ist halt einfach mehr.

Ich will schon jetzt auf keinen Fall ohne diese Magie leben. Ich will mich darüber freuen, wenn ich mir einen Matcha-Tee eingiesse und der Schaum ein Herzchen formt. Wenn ein Spatz nahe kommt und mir sein Lied zwitschert oder ein Rabe auf meinem Fenstersims landet. Gerade in der Verbindung mit der Natur ist die Magie stark spürbar. Darum fällt es ja auch vielen Leuten so schwer, überhaupt in Verbindung zu kommen und Spiritualität zu leben. Weil die Natur uns fehlt! Natürlich braucht es einen gewissen Grad an Verklärung, um so zu leben, wie ich es tue. Ich kenne den Vorwurf der Naivität gut. Ich war immer schon die Verrückte und bin für viele Leute eine Art Naturkatastrophe, das ist mir vollkommen klar. Auch weil ich ganz viel fliege und teure Handtaschen liebe.

Ich polarisiere und ich passe einfach nirgends so richtig rein. Ich habe zu viele Facetten. Darum bin ich immer wieder neu verstörend. Alles, was ich dazu sagen kann, ist: «Leute, geht mir aus der Sonne!» Ich bin wie eine Teflonpfanne: Anfeindungen machen mir nichts aus. Ich weiss, dass mein Weg für mich wichtig und richtig ist, und ich gehe keine Kompromisse ein. Mein Vater sprang vor den Zug, meine Schwester starb an Krebs, mein Chihuahua wurde vor meinen Augen von einem anderen Hund totgebissen – ich bin eine Überlebende, mir kann nichts passieren! Auch weil ich das alles gesehen und erlebt habe.

Das war für mich auch darum so lebensverändernd, weil wir in einer Gesellschaft leben, die den Tod maximal ausgrenzt. Wir stecken diesbezüglich in den Kinderschuhen und das ist unglaublich ungesund! Das wäre doch auch die Aufgabe der Kirche, sich einmal richtig mit dem Tod auseinanderzusetzen. Natürlich wird vieles besser, mittlerweile kann man sogar schöne Trauerkarten kaufen. Aber wie kann das sein: Die Leute wollen auf dem Mars wohnen, können aber nicht vernünftig über das Sterben reden? Überhaupt nerven mich all diese Tabus: Sterben, Geld, Sex! Ich bin so frei, weil ich keine Angst vor diesen Themen habe. Natürlich ist es sehr einfach, alles, was ich verkörpere, als Hokuspokus abzuwerten. Aber hinter meiner Spiritualität steckt eben auch eine unglaubliche Urkraft, die schon seit Generationen wirkt.

Und die Leute da draussen finden scheinbar gut, was ich mache, die Nachfrage ist gross. Ich spüre dadurch eine gewisse Verantwortung. Aber vor allem darum, weil ich weiss, dass ich die Horoskope liefern muss: Komme, was wolle. Und nicht, weil ich durch die Texte den Verlauf eines anderen Lebens mitverantworte. Ich würde ja nie jemandem eine Entscheidung abnehmen. Auch darum biete ich keine Einzelberatungen an. Ich will der Susanne nicht sagen, dass das mit dem Theo nichts wird. Das ist mir zu kleinteilig. Mein Ziel ist es, dass die Susanne ihre verdammte Eigenverantwortung übernimmt und selber checkt, dass das mit dem Theo nicht mehr läuft. Ich begleite die Frauen durch meine Kurse auf ihrem Weg in die Unabhängigkeit. Dieses Wachstum zu sehen, ist das Allergeilste. Mir geht es um Empowerment, um Hilfe zur Selbsthilfe. Ich will auf keinen Fall Macht wegnehmen, im Gegenteil. Darum interessiert mich auch die ganz Guru-Diskussion nicht, ich will überhaupt nicht grösser sein als andere. Ich bin nicht wichtiger, nur weil mir zufällig das Universum das Megafon in die Hand gedrückt hat. Was ich mache, ist nicht relevanter als das, was der Bäcker macht, nämlich Brötchen backen. Oder die Person, die den Müll abholt. Wir alle müssen aufs Klo, niemand ist grösser als andere. Ich mache einfach meinen Job, Punkt.

Aber so sehr ich Astrologie auch liebe, bin ich davon überzeugt, dass am Ende der freie Wille der wichtigste Planet ist. Ich kann zum Beispiel schauen, wo der Mars steht, der Planet der Motivation. Er ist aber auch der Planet des Kriegs. Also muss ich mich entscheiden: Nehme ich die Waffe oder die Motivation? Oder Merkur: Der rückläufige Merkur ist popkulturell sehr relevant. Das sind etwa drei Wochen, die drei bis vier Mal pro Jahr auftreten. Dann ist der Merkur aus der Perspektive der Erde in der Rückläufigkeit. Merkur reguliert unsere Kommunikation. Und in dieser Zeit der Rückläufigkeit passieren unglaublich viele Technikpannen. Der Verkehr ist lahmgelegt, es kommt zu Verspätungen und zu Missverständnissen und der Computer funktioniert plötzlich nicht mehr. Natürlich kann man jetzt dem rückläufigen Merkur die Schuld daran geben, auch wenn man es ganz offensichtlich selbst verkackt hat. So einfach ist es halt nicht. Für mich ist Astrologie vor allem eine ganz starke Anbindung an die Intuition. Am Ende braucht niemand Astrologie, man ist sowieso schon eins mit dem Kosmos. Es ist nur ein helfendes System und ich bin total dagegen, sich davon abhängig zu machen. Man kann die Verantwortung nicht dem Universum abgeben und die Schuld immer bei den Planeten suchen. Planeten sind nie böse! Es gibt einfach Konstellationen, die gewisse Dinge begünstigen, verlangsamen oder beschleunigen. Aber über allem steht der freie Wille.

Und ich will nie, nie die Fähigkeit zu staunen verlieren! Ohne sie möchte ich nicht leben. Ich glaube, man klemmt sich ganz viel Lebensfreude ab, wenn man alles immer rational einordnet. Daraus kann man ja gar nichts mehr kreieren. Wie will man so noch etwas erschaffen? Ich brauche die Magie in meinem Leben. Magic, magic, magic!

DILEK UÇAK-EKINCI

«Mein Glaube schenkt mir in Krisen Zuversicht»

Dilek Uçak-Ekinci, * 1975, ist in Deutschland geboren. Sie hat Islamwissenschaft, Soziologie und Turkologie studiert und promoviert derzeit am Schweizerischen Zentrum für Islam und Gesellschaft (SZIG) in Freiburg und der Professur Spiritual Care an der Universität Zürich zu muslimischer Spitalseelsorge. In der Frauenklinik des Universitätsspitals Zürich ist sie ehrenamtlich als Seelsorgerin tätig. Sie ist verheiratet, Mutter von drei Kindern und lebt in Zürich.

**Sie tragen ein Kopftuch, man sieht Ihnen den Glauben an.
Wie ist das für Sie?**
Ich würde bestreiten, dass Sie mir meinen Glauben ansehen. Man sieht mir durch das Kopftuch zwar den religiösen Hintergrund, meine Religionszugehörigkeit an. Aber meinen Glauben kann man dadurch nicht erkennen. Als Beispiel: Meine Motivation, ein Kopftuch zu tragen, hat sich im Laufe meines Lebens verändert. Ursprünglich habe ich es aus religiöser Überzeugung angelegt, mittlerweile hat es auch einen emanzipatorischen Faktor und ich sehe in meinem Kopftuch ein wichtiges Identitätsmerkmal. Es gehört zu meinem Glauben, aber auch zu meinem Dasein insgesamt.

Es wird immer wieder darüber diskutiert, ob das Tragen des Kopftuchs in der Schweiz verboten werden müsste, etwa an Schulen. Unter anderem auch mit dem Argument, man wolle die Mädchen und Frauen «beschützen» oder «befreien».
Wenn jemand denkt, mir müsse geholfen werden, finde ich das dreist und übergriffig. Tatsächlich sagt diese Haltung viel mehr über die Denkweise dieser Personen aus als über Frauen, die ein Kopftuch tragen. Es ist ein Ausdruck der eigenen Angst gegenüber dem Fremden. Und diese Unsicherheit versucht man durch Verbote auszuschalten. Aber so funktioniert die Welt nicht mehr. Dafür ist die Schweiz, und besonders die Stadt Zürich, viel zu divers und viele Leute müssen jetzt lernen, mit dem Fremdheitsgefühl umzugehen.

Der Islam wird von vielen Menschen als Bedrohung wahrgenommen. Wie gehen Sie damit um?
Es ist tatsächlich so, dass sehr oft gewisse Aspekte des Islams –

das Kopftuch, die Radikalisierung – in einem Gespräch als Erstes angesprochen werden. Mittlerweile denke ich in solchen Momenten schon: «Ist es nicht langsam genug damit? Habt ihr jetzt nicht genug Zeit gehabt, euch mit dem Islam auseinanderzusetzen?» Ich bin der Diskussion etwas überdrüssig. Früher habe ich stets gerne Fragen beantwortet. Ich war lange im interreligiösen Dialog tätig. Und ich bin wohl nicht zufällig dort gelandet. Wahrscheinlich war es ein unbewusstes Bedürfnis, den Glauben erklären zu wollen. Und damit ein Stück weit auch mich erklären zu wollen. Ich spürte wohl, dass es einen Dialog braucht. Wahrscheinlich haben die Reaktionen auf meinen Glauben diese Resonanz bei mir ausgelöst. Es ist auch kein Zufall, dass ich Islamwissenschaften studiert habe.

Wie meinen Sie das?
Eigentlich wollte ich Psychologie studieren. Damals während der Abitur-Zeit hatten wir die Gelegenheit, an der Universität verschiedene Fachrichtungen kennenzulernen. Am dritten Tag hatte ich schon alles gesehen, was mich interessierte. Weil ich sonst nichts mehr zu tun hatte, schaute ich bei Islamwissenschaft und Turkologie rein. Da wurde mir sofort klar, dass ich genau das brauchte, um zu herauszufinden, wer ich bin. Warum ich so bin, wie ich bin. Heute gehen mir negative Reaktionen aber ohnehin nicht mehr so nahe. Ich bin mittlerweile geübt im Umgang und habe viel weniger das Bedürfnis, mich erklären zu wollen. Und die nächste Generation wird damit sowieso ganz anders umgehen.

Warum?
Weil verschiedene Glaubensrichtungen eine ganz andere

Selbstverständlichkeit bekommen, wenn man beispielsweise schon in der Grundschule mit einer Kopftuchträgerin befreundet war. Die Vielfältigkeit, die es zum Beispiel in der Stadt Zürich gibt, erleben Kinder heute schon in der ersten Klasse. Es ist absolut normal, dass eine Person mehrere ethnische Hintergründe hat oder aus einem multireligiösen Haushalt kommt. Das ist vergleichbar mit der Mehrsprachigkeit: Eine Person, die zum ersten Mal eine Fremdsprache lernt, hat mehr Mühe als ein Kind, das bereits zweisprachig aufgewachsen ist. Es verfügt über eine ganz andere Natürlichkeit, mit einer neuen Sprache umzugehen.

Wie sind Sie aufgewachsen?
Ich bin in einer türkischen Gastarbeiterfamilie in Deutschland gross geworden. Von der dritten bis zur achten Klasse habe ich dann in der Türkei gelebt und danach wieder in Deutschland, wo ich das Gymnasium abgeschlossen und studiert habe. Später bin ich aus beruflichen Gründen in die Schweiz gezogen und seit bald sechzehn Jahren ist Zürich meine Wahlheimat.

War Ihre Kindheit religiös geprägt?
Der Glaube hat schon früh eine Rolle gespielt, und meine Grosseltern haben mich durch ihre Verbindung und Liebe zum Glauben inspiriert. Meine Eltern sind ebenfalls religiös. Sie lehrten mich gewisse Regeln, aber es war eher ein Beibringen von Allgemeinwissen, und nicht etwa die Pflicht, dass ich streng praktizieren sollte. Ich komme aus einer sehr bunten Familie und längst nicht alle leben den Glauben aktiv. Dennoch habe ich selbst sehr früh eine tiefe Gläubigkeit gefunden.

War der Glaube mehr in Ihnen, als dass er von aussen an Sie herangetragen worden wäre?
Genau. Ich erinnere mich, dass ich bereits in der Grundschule gebetet und mit Gott gesprochen habe. Das hat mir viel zurückgegeben, vor allem ein umfassendes Gefühl des Aufgehobenseins. Man sagt, das Gebet sei ein Zwiegespräch. Hat man diese Erfahrung nicht gemacht, fällt es einem vielleicht schwer, das zu verstehen. Ich wurde mit dieser Erfahrung früh in meinem Leben beschenkt und sie prägt mich bis heute.

Gab es in Ihrem Leben weitere prägende Erlebnisse mit dem Glauben?
Ja, während des Studiums ging ich auf eine Pilgerreise. Damals vor zwanzig, dreissig Jahren haben das vor allem die älteren Menschen getan, um diese Pflicht vor dem Ende des Lebens zu erfüllen. Ich verspürte aber schon relativ jung dieses Bedürfnis und wählte das Pilgern zusammen mit meinen Grosseltern als eine meiner ersten grossen Reisen. Diese Pilgerreise ist eines der schönsten Geschenke meines Lebens. Die Erinnerung daran nehme ich für immer mit und bin dafür sehr dankbar.

Sie haben eine sehr starke Verbindung zu Gott und zum Glauben. Gab es auch Zeiten, in denen Sie gezweifelt haben?
Nein, in meinem eigenen Glauben hatte ich das nicht. Auch wenn ich nicht auf alles eine Antwort habe. Ich betreue als Seelsorgerin häufig Stillgeburten, also Geburten, bei denen ein Kind ohne Leben geboren wird. Das sind sehr schwierige Momente. Da zweifeln die Betroffenen an vielem. Und es ist

auch schwer auszuhalten, wenn ich Kinder im Krankenhaus leiden sehe. Dennoch löst dieses Leid bei mir kein Hadern mit dem Glauben aus. Ganz im Gegenteil: Ich bin sehr froh, dass ich glaube. Weil ich für mich weiss, dass es einen grösseren Sinn geben muss.

Sie glauben, dass Leiden einen Sinn hat?
Nein, nicht das Leiden selbst, aber die Funktionsweise des grossen Ganzen. Ich habe tiefes Vertrauen in dieses grosse Ganze. Und ich weiss, dass auch das Leiden dazu gehört. Dieses Vertrauen lässt mich Schmerz annehmen und aushalten, der eigentlich unaushaltbar ist. Dadurch scheine ich auch besser seelsorglich unterwegs zu sein und andere Menschen begleiten zu können und Verbundenheit zu zeigen.

Welchen Stellenwert hat die Seelsorge im Islam?
Einen sehr grossen, auch wenn sie im Islam nicht so bezeichnet wird. Die Fürsorge für den anderen ist etwas Wesentliches im Islam. Die Verbundenheit zu Gott zeigt sich in der Fürsorge für die Mitmenschen. Diese Fürsorge und Verbundenheit kann sich in verschiedenen Formen zeigen. Zum Beispiel für muslimische Patientinnen und Patienten ist etwa das Hören von Versen aus dem Koran sehr wichtig, es hat eine enorm heilende Wirkung. Für einen gläubigen Muslim bedeutet «gutes Sterben» mit den Worten Gottes zu sterben. Wir heissen die Babys mit Gotteswort auf der Erde willkommen, und viele haben den Wunsch, auch damit wieder gehen zu dürfen. Dabei müssen die Betroffenen den Text nicht selbst rezitieren und nicht einmal unbedingt verstehen. Selbst wenn jemand anderes für einen die möglicherweise unverständlichen Worte

spricht, löst das ganz viel aus. Wir glauben im Islam, dass uns die Seele eingehaucht wird. Und durch die Rezitation des Korans, des Wortes Gottes, belebt man diesen Dialog – die Worte, mit denen Gott zu den Menschen gesprochen hat – wieder. Das wirkt sehr stärkend, selbst wenn die Menschen nicht besonders gläubig sind.

Können Sie von einem Beispiel erzählen?
Ja. Die Eltern eines Babys, das sich auf der Neonatologie befand, haben sich gewünscht, man möge Koranverse rezitieren, statt auf Musiktherapie zu setzen. Man konnte beobachten, wie das Baby positiv darauf reagierte. Ein anderes Mal begegnete ich auf einer Palliativstation einer relativ jungen Frau, die nicht sehr gläubig war und lange Zeit kaum etwas mit Religion zu tun gehabt hatte. Dennoch fragte sie nach einem Imam, weil es ihr Wunsch war, so friedlich zu sterben wie ihre Grossmutter, die stets den Koran rezitiert hatte. Ihre Familie war erstaunt, als sie diesen Wunsch äusserte, kam ihm aber nach und bestätigte, wie gut der jungen Frau dieser Beistand getan hatte. Die Seelsorge und die Religion können im Sterbeprozess dazu beitragen, dass man wieder zum ganzen Menschen wird, und nicht mehr «nur» eine sterbende Person ist. Als Seelsorgerin versuche ich den Menschen den Raum zu geben, wieder das sein zu dürfen, was sie sein wollen. Nicht nur durch das Ritual, sondern auch durch das Zuhören ihrer persönlichen Geschichte. Dabei geht es nicht darum, dass ich etwas Inhaltliches leiste, sondern darum, dass ich Raum für sie schaffe. Allein dieses Beiwohnen ist tragend, stärkend und tröstend.

Was passiert denn nach dem Tod?
Ich bin überzeugt davon, dass es ein Jenseits gibt. Und zwar nicht nur, weil der Islam das vorgibt. Für mich persönlich macht dieses Konzept einfach mehr Sinn als alles andere. Und ich glaube, dass ich meine geliebten Menschen wieder treffen werde. Wie das Jenseits genau aussehen wird, weiss ich nicht, auch wenn die Vorstellung, was im Himmel sein wird, im Koran erklärt wird. Ich sehe diese Bilder mehr als Spiegelung und Visualisierung der Wünsche der Menschen, die damals angesprochen wurden. Das ist ja mitunter so beeindruckend und prägend am Sterben: Jeder Mensch hat für sein Jenseits eine andere Visualisierung.

Werden wir den Tod eines Tages verstehen können?
Ich weiss es nicht. Aber ich könnte mir vorstellen, dass wir den Prozess irgendwann etwas genauer erfassen können. Aber Glaube selbst bringt ja das Phänomen vom Anfang und Ende des Lebens in einen grösseren Zusammenhang, sodass ich persönlich eigentlich keine weiteren Erklärungen brauche. Denn es ist nicht nur wahr, was wir erklären können. Darum ist der Glaube auch keine Vernunftsentscheidung. Man kann nicht mit dem Kopf entscheiden, etwas Transzendentes wahrzunehmen. Am Ende entscheidet nicht die Vernunft, ob man glaubt oder nicht.

Wie leben Sie den Glauben in Ihrem Alltag?
Wichtige muslimische Ereignisse wie etwa der Ramadan oder auch der Monat Dhul-Hidscha, in dem ein grosses Opferfest stattfindet, haben einen Platz in meinem Leben. Genauso wie die Gebete. Es gibt im Islam fünf Pflichtgebete pro Tag.

Wann immer möglich halte ich sie ein. Bin ich jedoch unterwegs, lege ich sie auch mal zusammen, dann sind es vielleicht zwei oder drei Gebete pro Tag. Aber am Morgen- und am Nachtgebet halte ich fast ausnahmslos fest. Leider erlebe ich die Zwiegespräche aus meiner Kindheit nicht mehr so häufig. Diese Gabe und die damit verbundene Natürlichkeit verlieren wir wohl etwas mit dem Erwachsenwerden. Heute braucht es mehr Effort, um in den Dialog zu treten und ich muss mich bewusst darauf einstimmen. Ich atme zum Beispiel einige Male tief ein und aus, bevor ich das Gebet spreche. So komme ich wieder in das Spüren hinein. Und nicht immer sind meine Gebete gleich. Gott hat im Islam verschiedene Namen, wir haben etwa den heilenden, den zuhörenden oder den liebenden Gott. Ich habe Phasen, in denen mich ein Wort, eine Beschreibung Gottes, mehr anspricht als andere. Heute Morgen etwa war es der schützende Gott, dem ich mich sehr verbunden fühlte.

Sie sagten, Sie fühlten sich aufgehoben im Glauben. Inwiefern ist er sonst noch wichtig für Sie?
Mir hat der Glaube stets geholfen, schwierige Zeiten zu überstehen. Mein Glaube schenkt mir in Krisen Zuversicht. Das bedeutet nicht, dass ich weniger leide oder nicht auch extrem traurig sein kann. Aber ich verliere in diesem Schmerz die Zuversicht nicht. Es gibt im Islam das Konzept der Geduld. Das meint nicht, dass man einfach nichts macht und nur herumsitzt. Es bedeutet viel mehr, dass Herausforderungen auch eine Möglichkeit sind, an sich selbst zu arbeiten. Es geht mehr um das Wissen, dass alles vorbeigeht und dass ich aus jeder Krise gestärkt herauskommen kann. Es ist Gottvertrauen. Nicht zu

wissen, wohin die Reise führt, aber zu vertrauen, dass es erstmal okay ist so und gut kommen wird.

Islam bedeutet «sich ergeben». Gibt man im Glauben Verantwortung ab?

Nein, der Islam hat nicht den fatalistischen Gedanken im Sinne von: «Ich gehe jetzt über die Strasse, ohne nach links und rechts zu blicken, und Gott wird mich beschützen.» Wir Menschen tragen die Verantwortung für unsere Entscheidungen. Wir müssen über unser Leben mitbestimmen. Unsere Existenz ist zwar gottgegeben – wie auch unser Ende –, aber die Bedeutung, die man seiner Reise auf dieser Welt gibt, liegt bei uns. Es geht mehr um die Ergebenheit in die eigene Existenz, in den gegenwärtigen Moment und in das Wissen, dass das Leben eine Reise ist mit Anfang und Ende.

Der Islam ist also nicht so einschränkend, wie oft angenommen wird?

Das lässt sich nicht generell beantworten, denn die Wahrnehmung hat mit dem eigenen Empfinden zu tun. Ich kann sehr gut nachvollziehen, dass die religionspraktischen Rituale für manche Menschen einschränkend sein können, während ich gewisse Strukturen als befreiend erlebe. Sie geben mir Freiheit und Sicherheit. Und ich empfinde diese Leitplanken nicht als einengend. Zwar hat der Islam sehr viele Regeln, aber noch mehr Ausnahmen! Ich kann einen grossen Teil meines Glaubens nach gewissen Werten selbst gestalten. Diese Freiheit ist in meinem Glauben auch äusserst wichtig. Glaube muss meiner Meinung nach lebensnah sein. Mein Glaube ist ein Teil meines Lebens, aber mein Leben ist auch Teil meines Glaubens. Ist

Glaube nicht persönlich, kann er zur Belastung werden. Und negative Vorstellungen einer Religion vermitteln.

Wünschen Sie sich ein positiveres Image für den Islam?
Wie gesagt, ich habe nicht mehr so stark das Bedürfnis, mich zu erklären. Aber mein Wunsch ist es, dass wir offener über den Glauben sprechen können, ohne sich sofort anzufeinden. Ich wünsche mir, dass wir neugierig bleiben. Denn erst durch den Austausch und die Neugier untereinander entsteht wieder etwas Neues. Man muss auch gar nicht das Ziel haben, sich einig zu werden und immer auf einen gemeinsamen Nenner zu kommen. Aber ein Austausch, der ohne Bewertung, ohne Verurteilung und vor allem auch ohne Stereotypisierung auskommt, wäre schön. Denn Diversität wird es immer geben, weil jede und jeder von uns einmalig ist.

KATHRIN AWI

«Ich bin ein Kanal für Nachrichten aus dem Universum»

Kathrin Awi, *1983, war Stylistin und stellte in Ghana, der Wahlheimat ihres Ehemanns, handgemachte Mode und Möbel her. Heute ist sie Designerin und Unternehmerin und bietet in ihrem Studio Channeling, Energie-Arbeit und Meditationen an. Sie ist Mutter einer Tochter und lebt in Zürich.

Die Suche nach Gott oder nach dem Glauben an etwas Grösseres hat für mich mit dem Bedürfnis nach Zugehörigkeit und Heimat zu tun. Viele Menschen fühlen sich nicht zugehörig. Dabei kann man vom Wissen darum, dass wir vom Universum kommen, das uns liebt, egal wer, wie oder was wir sind, enorm getragen werden. In unserer leistungsorientierten Welt, in der wir alle so sehr verinnerlicht haben, dass wir nur etwas wert sind, wenn wir viel erreichen, ist es doch so schön zu wissen, dass wir im Grunde alle vollkommen sind. Nach der Geburt meiner Tochter erlebte ich das sehr eindrücklich. Ich hielt sie in den Armen und dachte: «Du bist perfekt!» Dieses Wissen kommt uns im Laufe des Lebens abhanden. Es wäre so schön, wenn wir uns bei allen Menschen, denen wir begegnen, daran erinnern: «Hey, auch du bist perfekt. Du hast vielleicht einen vollen Rucksack dabei, aber du bist gut, genau so wie du auf die Welt gekommen bist.»

Ist man sich dieser universellen Liebe bewusst, kann man auch leichter Lasten abgeben, etwa in Krisen. Ich habe in schweren Momenten diese grössere Präsenz stets stark wahrgenommen. Ich spürte immer, dass ich nicht allein bin. Schon als Kind setzte ich mich, wenn es mir nicht gut ging, auf eine Wiese und schwatzte einfach drauflos. Und habe Antworten erhalten! Ich spürte jeweils um mich herum eine Wärme und wusste: Es ist etwas da, das mich hört und das mich begleitet. In meinen Jugendjahren legte ich diese Gewohnheit jedoch ab, nicht zuletzt, weil ich angefangen habe, meine Erlebnisse zu hinterfragen: Das kann nicht sein, das ist doch komisch und wahrscheinlich nur Einbildung.

Der Wendepunkt kam, als ich dreissig Jahre alt war und eine Beziehung nach acht Jahren schwierig auseinanderging.

Wir sind ziemlich jung zusammengekommen und waren ein starkes Zweierkonstrukt. Erst nach der Trennung hatte ich wieder den Raum, mich selbst zu entdecken. Glaube hat für mich viel mit der Frage «Wer bin ich?» zu tun. Damals ist es mir gelungen, mich für die Zeichen wieder zu öffnen. So zum Beispiel, als ich aus der gemeinsamen Wohnung ausziehen musste. Als Zwischenlösung bot sich mir die Möglichkeit, eine wunderschöne Wohnung in einer Villa für drei Monate zu hüten, mit einem riesigen Garten, einfach wundervoll. Ich hatte mir so sehr gewünscht, dass es klappt. Nach der Besichtigung spazierte ich durch die Stadt und der Besitzer eines Blumenladens schenkte mir einfach so einen riesigen Bund Rosen. Das ist mir so eingefahren, weil ich in diesem Moment wusste, dass ich die Wohnung hüten werde. Und so war es dann auch. Ich merkte durch solche Erlebnisse, dass ich die Kommunikation wieder aufnehmen konnte. Oft sind diese Erfahrungen sehr körperlich. Ich spüre, ob etwas gut oder schlecht ist, in welche Richtung es gehen soll, etwa bei geschäftlichen Entscheidungen. Ich stelle Fragen und bekomme Antworten. Auch Träume bringen mir oft Informationen. Einmal bin ich im Traum durch eine Baumallee in meinem Quartier gefahren und die Bäume schrien mir zu: «Wenn bloss alle wüssten, dass es nur um die Liebe geht.» Solche Erfahrungen bewegen etwas in mir und ich brauche jeweils Zeit, sie zu verdauen. Ich glaube, die Nachrichten kommen vom Universum, aber je länger ich mich damit auseinandersetze, könnte ich die Quelle auch Gott nennen.

Es ist für mich aber nicht der Gott aus der Bibel. Für mich ist Gott eine Energie. Die Energie der allumfassenden Liebe und des reinen Wohlwollens und gänzlich bedingungslos. Ich komme bei der Religion dort in den Clinch, wo es diesen strafenden Gott gibt, diese strengen Regeln. Das Bild des richtenden Gottes hat sich für mich noch nie richtig angefühlt. Ich bin reformiert aufgewachsen und ich erinnere mich, wie ich gelegentlich die Sonntagsschule besuchte. Gott wurde dort immer als Mann dargestellt, was ich ganz seltsam gefunden habe. Auch als vom Teufel die Rede war, verstand ich das nicht. Es machte keinen Sinn, dass so kategorisch in Gut und Böse unterteilt wurde. Ich hatte Mühe mit diesem Konzept und ich glaubte schon damals an die bedingungslose Liebe Gottes, in der die Hölle keinen Platz hat. Ich glaube, diese starke Verbindung zum Universum oder zu Gott ist in uns, wenn wir auf die Welt kommen. Als ich als Kind mit dem Unsichtbaren geschwatzt habe, wusste und spürte ich einfach, dass da mehr ist, ohne dass mir jemand davon erzählt oder ich darüber gelesen hätte. Das finde ich faszinierend! Ich glaube, jeder Mensch kann das spüren. Manche können und wollen sich dafür öffnen und andere nicht. Ich will das und darum gelingt es mir vielleicht auch etwas leichter.

Mit den Jahren habe ich gelernt, meiner Intuition zu folgen, auf Zeichen und Nachrichten zu achten. Ich habe durch eigene Erfahrungen die Bestätigung bekommen, dass es kein Zufall ist, dass ich richtigliege, mit dem, was ich spüre. Auch meine Arbeit als Channelerin, als Medium und Energie-Arbeiterin zeigt mir immer wieder, dass ich mich auf meine Empfindungen verlassen darf. Dass ich Wissen über Menschen empfangen kann, die ich noch nie gesehen habe, und den Nagel auf den Kopf treffe. Während einer Channeling-Session verbinde ich mich mit der Quelle, mit dem Universum. Dadurch erhalte ich Informationen über, aber auch für die Menschen, die bei mir sind. Mir erscheinen Bilder, manchmal sehe oder fühle ich Sätze, ich spüre aber auch Veränderungen in meinem Körper, etwa ein Kribbeln, Wärme oder Kälte.

Bevor ich Channeling zu meinem Beruf gemacht habe, war ich viele Jahre lang Designerin und Stylistin und hatte mir mit dem «Kathrin Eckhardt Studio» einen Traum erfüllt. Ich habe Kleider designt, aber auch Möbel und andere Einrichtungsgegenstände entworfen. Ich arbeitete schon damals sehr intuitiv. Zum Beispiel beinhalten alle Symbole auf den Stoffen eine Message. Etwa der Aufdruck «Fear Not» auf meinen Kleidern war eine Nachricht, die ich erhalten habe. Ein anderer Aufdruck mit einer Schlange stellt für mich das Universum dar. Ich habe alle meine gefertigten Stücke mit Energie aufgeladen, damit sie nicht nur Kleider sind, sondern dass sie die Trägerinnen und Träger auch im Alltag unterstützen und stärken. Meine Arbeit hatte immer einen spirituellen Einfluss.

Als ich ab 2015 viel Zeit in Ghana verbrachte, konnte ich dort ein Leben führen, das fast ausschliesslich von der Intuition geleitet war. Ich war oft allein und hatte dadurch viel Platz, um das auch wirklich zu entdecken. In unserem vollen Alltag sind wir ständig abgelenkt und können dem Spüren auch aus dem Weg gehen. Spiritualität zu leben, sie überhaupt wahrnehmen und sich ihr öffnen zu können, braucht Raum und Zeit. Die Stimmung in Ghana hat es mir zudem vereinfacht, den Zugang zu meinen Wahrnehmungen zu stärken, weil der Glaube dort sehr präsent ist. Ghana ist statistisch gesehen eines der gläubigsten Länder der Welt. Neben dem Christentum und dem Islam sind dort auch fetische Kulturen – also der Glauben an Geister – und Voodoo verbreitet. Das klingt für uns oft so negativ, aber in Ghana ist das eine Art Naturreligion. Ich erlebe die Religionen dort nie als einschränkend. Man sucht sich den Glauben, der zu einem passt. Es gibt natürlich sehr gläubige und missionierende Leute, aber auch viel Freiheit. Muslime, Christen und Gläubige anderer Religionen leben friedlich nebeneinander. Die göttliche Energie verbindet, sie ist für alle da. Dieser starke Glaube ist überall spürbar, dieses Getragensein von etwas Höherem. Obwohl ich «höher» nicht unbedingt das richtige Wort finde, denn ich glaube nicht, dass Gott abgetrennt ist von uns oder der Glaube über uns steht. Das Universum und wir sind eins, und das Universum nimmt durch uns Form an, wir fliessen miteinander.

Im religiös geprägten Umfeld Ghanas konnte ich annehmen, dass ich mehr spüre als andere und mich auch darüber freuen. Doch die Angst vor dunklen Energien hielt mich davon ab, mich voll und ganz auf meine Fähigkeiten einzulassen und sie zu teilen. Schliesslich machte ich eine Ausbildung bei einem anderen Medium, wo ich gelernt habe, mit weniger angenehmen Bildern und Nachrichten umzugehen. Danach übte ich zwei Jahre lang fast ausschliesslich für mich, machte höchstens mal eine Session mit Freunden. Ich war sehr diszipliniert, habe mich jeden Tag verbunden, Fragen gestellt, Antworten bekommen. So verlor ich meine Angst und gewann Vertrauen. Mittlerweile weiss ich auch, dass ich nur das wahrnehme, wofür ich und meine Klientinnen und Klienten bereit sind. Das Universum ist eine intelligente Kraft, die uns nichts zutraut, mit dem wir nicht umgehen können.

Viele Menschen, die zu mir kommen, verfügen über eine ähnliche Intuition wie ich. Sie suchen eine Art Versicherung, ob es wirklich wahr ist, was sie spüren. Das finde ich schön, weil ich vor zehn Jahren genau am gleichen Punkt stand und ebenfalls zu jemandem ging, die mir das bestätigen konnte. Anderseits sind es auch Menschen, die spüren, dass da mehr ist, und die das ergründen und damit in Kommunikation treten wollen. Es sind überhaupt nicht abgedriftete Menschen, sondern meist sehr geerdete Leute, die sich dem Spirituellen öffnen wollen. Auch Menschen, die schwierige Erlebnisse hatten und die die Perspektive der geistigen Welt suchen, als Ergänzung zu Psychologinnen und Ärzten, finden den Weg zu mir. Oft stecken die Menschen in Umbruchsituationen. Das ist ja häufig so, dass man sich um spirituelle Themen kümmert, wenn man in einer Krise steckt. Vorher braucht oder sucht man das gar nicht unbedingt. Ich möchte die Leute an die Hand nehmen und ihnen sagen: «Wenn du Lust hast, diese Welt zu entdecken, kann ich dich darin unterstützen, deinen eigenen Weg zu finden.» Ich habe auf meinem Weg gespürt, wie kraftvoll wir Menschen in der Verbindung mit dem Universum sind. Etwa, dass wir uns auf körperlicher und mentaler Ebene selbst heilen können. Das ist eine wahnsinnige Kraft, wenn man sie für sich nutzen kann.

Natürlich muss man gut aussuchen, an wen man sich wendet, und sich immer wieder fragen: Passt das wirklich für mich? Für manche spirituelle Lehrende oder Coaches ist vor allem interessant, was ausserhalb dieser Welt passiert. Für mich ist es spannender herauszufinden, wie uns die spirituelle Welt helfen kann, hier und jetzt auf dieser Erde besser zurechtzukommen. Das ist ein grosser Unterschied. Beschäftigt man sich zu sehr mit dem Jenseits, will man nicht in der realen Welt leben, kann das auch eine Flucht sein. Mir ist auch sehr wichtig, dass die Leute wissen, dass ich nicht die bin, die heilt oder die richtigen Dinge sagt. Ich würde mich darum auch nicht als Heilerin bezeichnen. Vielmehr fliessen die Heilkraft und die Antworten durch mich hindurch. Ich bin ein Kanal für Nachrichten aus dem Universum.

Als Channelerin in die Öffentlichkeit zu treten und mein Angebot publik zu machen, kostete viel Überwindung. Manche Leute halten Channeling für Humbug und zweifeln es an. Das lässt mich aber mittlerweile kalt. Der Glaube ist so persönlich, eine der persönlichsten Fragen überhaupt! Alle müssen für sich selbst herausfinden, was sie glauben. Und wenn man nichts glaubt, ist das auch völlig okay. Für mich ist dieser Glaube meine Wahrheit und ich habe nicht das Bedürfnis, jemanden davon zu überzeugen. Aber ich finde es schön, dass es heute nicht mehr ganz so ein grosses Tabu ist, sich zu solchen unfassbaren Dingen zu bekennen. Und ich habe das Gefühl, dass die Pandemie die Sinnsuche verstärkt hat.

Aber ich beobachte auch eine gewisse Wellness-Mentalität. Man kommt zu mir, gönnt sich eine Stunde Channeling, will sich verbinden und gut fühlen und dann vergisst man das wieder. Ich glaube, um eine wirkliche spirituelle Verbindung zu leben, braucht es Disziplin. Darum macht es für mich auch Sinn, dass man früher jeden Sonntag in die Kirche ging. Dass man sich mindestens einmal in der Woche Zeit und Raum für den Glauben, die Spiritualität genommen hat. Es nützt nichts, wenn Sinnfindung oder Spiritualität einfach ein weiterer Task auf der To-do-Liste ist. Man muss sich wirklich damit auseinandersetzen wollen. Und sich die Zeit geben und nehmen. Das ist aber nicht immer einfach. Beginnt man, sich mit grossen Fragen auseinanderzusetzen, kommen auch Dinge hoch, die nicht so cool sind, und es gehört dazu, dass man mit unangenehmen Gefühlen konfrontiert wird. Es wird dann richtig spannend, wenn es wirklich in die Tiefe geht. Dort kann einem vieles begegnen, es kann aufrüttelnd sein. Aber wenn man nachhaltig etwas ändern will, kommt man nicht darum herum, sich auch dieser Gefühle anzunehmen.

Wenn ich mich regelmässig verbinde und mir Raum für Kontemplation nehme, bin ich in einer guten Balance. Tue ich das nicht, fehlt mir die Routine und es dauert länger, wieder hineinzufinden. Ähnlich wie beim Sport: Trainierst du lange nicht mehr, ist es danach wieder viel anstrengender, es fehlt die Energie. Und am Ende sind wir doch genau das: einfach nur Energie. Und Energie bleibt immer Energie, sie verschwindet nie, sie ändert bloss ihre Form. Ich habe meine Grosseltern gesehen, nachdem sie gestorben waren. Als ich die leblosen Körper betrachtete, war für mich so klar, dass die Energie der Seele woanders hingegangen ist. Wahrscheinlich nach Hause, dorthin, wo ihr Ursprung liegt. Manchmal frage ich mich, warum wir eigentlich das Bedürfnis haben, diese Energie unbedingt definieren zu wollen. Wir könnten doch einfach sagen: «Alles ist Energie.» Vielleicht müssen wir gar nicht immer für alles eine Erklärung haben.

DOROTHEA LÜDDECKENS

«Religion und Spiritualität per se als etwas Gutes zu sehen, ist gefährlich»

Dorothea Lüddeckens, * 1966, stammt aus dem deutschen Würzburg. In München, Würzburg und Bonn hat sie Religionswissenschaft, Philosophie und evangelische Theologie studiert. Heute ist sie Professorin für Religionswissenschaft an der Universität Zürich. Sie ist verheiratet und Mutter drei erwachsener Kinder.

Warum sind Menschen gläubig?
Egal, ob man das Religiosität oder Spiritualität nennt, die Erfahrung von Transzendenz, also die Erfahrung des Übersteigens der Wirklichkeit – der unmittelbaren vor einem liegenden Realität – ist etwas höchst Faszinierendes. Das Wahrnehmen dieser Transzendenz passiert nicht nur im traditionell religiösen Kontext. Es gibt viele Menschen, die sagen, sie erlebten solche Gefühle etwa beim Extremklettern. Oder beim Surfen. Oder bei der Musik, während eines Konzerts, wenn sie merken, wie sie sich in der Musik auflösen. Das ist eine Erfahrung, welche die Alltagswirklichkeit übersteigt. Früher galt das meist als religiöse Erfahrung, und man hatte die religiösen Narrative und Modelle zur Verfügung, in die man das Erlebte einordnen konnte. Heute bezeichnen sich viele Menschen nicht mehr als religiös, höchstens vielleicht noch als spirituell. Aber die Erfahrungen mit dem Transzendenten sind nicht weniger geworden, sie werden nur häufig in einem anderen Zusammenhang oder Umfeld gemacht. Denn das Bedürfnis nach solchen Erlebnissen ist etwas universal Menschliches.

Sind Glaube und Religionszugehörigkeit noch zeitgemäss?
Zeitgemäss ist das immer für jene Menschen, die fest in einem Glauben stehen. Wächst heute jemand innerhalb einer religiösen Gemeinschaft auf, wo Religiosität lebendig gelebt wird und den Kindern in dieser Hinsicht ein sehr positiv erlebtes religiöses Umfeld geboten wird, werden diese Kinder und wahrscheinlich auch ein grosser Teil der Jugendlichen das als eine zeitgemässe Form der Weltperspektive sehen. Aber es ist schon so, dass die Mehrheit der Menschen in der Schweiz sich

traditionellen Glaubensvorstellungen und Praktiken gegenüber entfremdet.

In Europa nehmen die Kirchenaustritte zu, gleichzeitig wachsen Religionsgemeinschaften wie etwa das Christentum oder der Islam weltweit. Glauben die Menschen heute mehr oder weniger?
Das lässt sich nicht pauschal beantworten. Denn man kann trotz der Kirchenaustritte nicht darauf schliessen, dass Menschen bei uns heute weniger glauben. Aber man weiss, dass sie eher weniger an traditionelle, religiöse Vorstellungen glauben. Und die Menschen – und zwar weltweit – entwickeln natürlich weiterhin Ideen, warum sie auf der Welt sind, was Sinn und Zweck ihres Daseins ist oder was nach dem Tod passiert. Die Suche nach Antworten auf die existenziellen Fragen ist geblieben, sie werden nur immer wieder neu beantwortet. Dafür braucht es nicht unbedingt eine Religionsgemeinschaft, in der man von Kind an bis zu seinem Tod beheimatet ist. Diese Form der Religionszugehörigkeit nimmt, zumindest in Westeuropa, ab.

Warum ist das so?
Es gibt verschiedene Gründe. Einer ist sicher, dass man heute nicht mehr abhängig ist von religiösen Institutionen. Die Kirchen haben zudem ihren Status und ihre Machtpositionen weitgehend verloren. Man muss heute nicht mehr in der Kirche sein, um etwas erreichen zu können, ein Amt in der Kirche ist kein gesellschaftliches Sprungbrett mehr. Auch für zahlreiche Lebensbereiche, für die sie früher zuständig war und zum Beispiel eine soziale Absicherung darstellte, haben wir heute

in vielen Gesellschaften staatliche oder private, nichtreligiöse Einrichtungen und Systeme. Ausserdem gibt es natürlich für vieles, wofür die Menschen früher religiöse Vorstellungen und Grundlagen hatten, wissenschaftliche Erklärungen. Zudem ist die soziale Kontrolle heute viel geringer.

Wie meinen Sie das?
Vergleicht man, wie oft die Leute früher den Gottesdienst besucht haben und wie häufig sie das heute tun, hat die Anzahl im grossen Ganzen in den letzten Jahrzehnten eindeutig abgenommen. Genauso wie die Menge der Menschen, die sich zu einer Religionsgemeinschaft bekennt. Aber ob die Leute früher wirklich so viel mehr geglaubt haben, ist noch einmal eine ganz andere Frage. Vielleicht macht das auch nur den Anschein, weil man früher in seiner religiösen Praxis stark kontrolliert wurde. Immerhin konnte es passieren, dass man aus seinem Umfeld, auch aus der Familie, ausgeschlossen wurde, wenn man sich religiös nicht adäquat und angepasst verhalten hat.

Was macht es mit uns als Gesellschaft, wenn wir weniger glauben?
Das ist eine extrem wichtige Frage. Menschen, die selbst religiös sind oder der Religion zumindest in irgendeiner Form positiv gegenüberstehen, sind meist der Meinung, es entstehe dadurch ein grosses Loch, ein Mangel. Ich sehe das etwas anders. Natürlich geht etwas verloren, die Frage ist aber, was genau eigentlich? Gemeinschaft? Sicherheiten? Ich bin davon überzeugt, dass das, was verloren gegangen ist, nicht nur gut war. Wir haben heute definitiv eine tolerantere Gesellschaft als früher. Denn in praktisch allen sehr religiösen Gesellschaf-

ten – und zwar egal in welcher Religion – werden Menschen, die nicht in die entsprechenden Vorstellungen passen, ausgegrenzt. Es gibt fast immer bestimme Moralvorstellungen, nach denen die Menschen sich zu richten haben. Können oder wollen sie das nicht tun, wird es schwierig. Denken Sie etwa an die LGBTQIA+-Community – es gibt wenige sehr religiöse Gesellschaften, die diesen Menschen wirklich mit einer grossen Offenheit entgegengehen. Und man kann mit Sicherheit auch nicht behaupten, die Leute wären heute weniger freundlich oder weniger fürsorglich, weil sie weniger christlich sind. Insofern finde ich wirklich nicht, dass man pauschal sagen kann, dass die Gesellschaft jetzt schlechter dran ist und die Menschen sich unethischer verhalten.

Könnte es sein, dass Religion längerfristig verschwinden wird?
Nein, das denke ich nicht. Im Übrigen wachsen einige Religionen weltweit, zum Beispiel das Christentum oder der Islam. In der Schweizer Gesellschaft sowie in vielen anderen westlichen Ländern wird allerdings ziemlich sicher die religiöse Zugehörigkeit, was institutionelle Religionsgemeinschaften betrifft, weiter abnehmen. Es wird aber zugleich auch weiterhin sehr starke religiöse Gemeinschaften und Identitäten geben. Denn Religion kann zum Beispiel auch ein Gefühl von Heimat vermitteln.

Etwa wenn jemand aus seinem Land flüchten muss?
Genau. Menschen, die in einen neuen Kontext kommen und vor Ort eine vertraute Religionsgemeinschaft vorfinden, erleben dadurch wieder ein Stück Heimat. Das ist sehr attraktiv

und mit diesem positiven Erleben der Gemeinschaft können sich diese Menschen auch dem religiösen Glauben, der damit verbunden ist, wieder näher fühlen. Das kann man bei christlichen, aber etwa auch bei muslimischen Migranten und Migrantinnen beobachten. Es kann aber auch das Gegenteil passieren: Menschen, die aus einem sehr religiösen Umfeld in die Schweiz kommen, werden durch unsere säkulare Gesellschaft selbst auch säkularer. Aber verschwinden wird die Religion nicht.

Sie sagten, das Interesse an institutionalisierten Religionsgemeinschaften werde weiter abnehmen. Gleichzeitig werden Praktiken wie Yoga, Mediation, Achtsamkeit oder auch fernöstliche Glaubensrichtungen bei uns immer populärer. Warum ist das so?
Sie passen wohl besser in unsere Zeit. Denn all diesen Formen ist gemeinsam, dass es keine Gemeinschaften sind, in die man bei uns hineingeboren wird und dort – von der Vorstellung her – bis an das Lebensende Mitglied bleibt. Viele Menschen praktizieren in einer bestimmten Phase ihres Lebens Yoga, Meditation oder sie vertiefen sich für eine Weile in den Buddhismus. Aber die wenigsten werden zwanzig, dreissig Jahre am gleichen Ort bleiben. Wir sind in vieler Hinsicht eine mobile Gesellschaft. Man wechselt mal das Studio, in dem man Yoga oder Mediation praktiziert, man wird mal von jenen, mal von diesen buddhistischen Lehrenden fasziniert sein. Die Bindung ist nicht mehr für immer. Darum erleben zum Beispiel auch die buddhistischen Klöster keinen bemerkenswerten Zuwachs. Es gibt wenig Leute, die sich mit allen umfassenden Konsequenzen verpflichten würden, für den Rest ihres Lebens – oder auch schon nur über Jahre oder Jahrzehnte hinweg – so zu leben.

Kurze Retreats oder Auszeiten hingegen sind attraktiv, das gilt auch für christliche Klöster.

Ist das typisch für unsere Gesellschaft, dass wir gar keine Bindungen mehr eingehen, sondern uns lieber stets alle Türen offenhalten wollen?

Das klingt für mich zu pauschal. Ich würde eher sagen, dass diese Formen schlicht mehr den aktuellen Bedürfnissen entsprechen. Heute möchten viele Menschen in unserer Gesellschaft etwas für sich wählen, das ihnen und ihren Wünschen wirklich entspricht. Natürlich gibt es auch orientierungslose Menschen, aber viele Frauen zum Beispiel sind einfach viel klarer darin geworden, dass sie Autoritäten, auch religiöse, nicht mehr einfach so akzeptieren. Sie sind weniger bereit, alles Mögliche – also etwa einschränkende Pflichten – in Kauf zu nehmen, vor allem nicht lebenslänglich. Man lässt sich lieber kurzfristig auf etwas ein, dafür aber gern auch sehr intensiv.

Viele gläubige Menschen sagen, der Glaube sei kein Wunschkonzert, es gäbe immer Dinge, die einem nicht gefallen. Aber erst dadurch entstünden wirklich tiefe Beziehungen.

Es ist sicher so, dass sich, egal bei welcher Praxis, die regelmässig ausgeführt wird – Sport, Musik oder eben auch beim Beten –, mit der Zeit etwas verändert. Und je intensiver man sich mit einer Praxis auseinandersetzt, umso stärker wird die Verbindung. Nehmen wir als Beispiel Thai-Boxen: Das Training kann von Anfang an sehr spannend und ein sehr intensives Erlebnis sein. Aber richtig in die Bewegungsabläufe einzutauchen, in die tiefe Dynamik dessen, was mit dem Körper und der Konzentration passiert – das wird erst möglich über eine intensive Praxis über einen längeren Zeitraum, über jahrelanges Einschreiben in den Körper. Genauso verhält es sich auch, wenn man ein Instrument lernt. Es macht einem vielleicht sofort viel Spass, sobald der erste Trompetenton erklingt. Aber alle, die jahrelang die Trompete geblasen haben, wissen, dass das Spiel eine ganz andere Dimension bekommt, wenn es über lange Zeit weiterentwickelt wird. Das ist bei religiösen und spirituellen Praktiken ganz genauso.

Eine gewisse Verbindlichkeit lohnt sich also beim Glauben?
Ja, das denke ich schon. Religion oder Spiritualität können eine enorme Ressource sein. Gerade, wenn man eine religiöse Praxis über viele Jahre kultiviert hat, kann man in Krisenzeiten auf etwas zurückgreifen, das man eingeübt hat, das man seit Jahren glaubt. Das hat mehr Kraft als etwas, das einem erst gestern jemand erzählt hat. Aber die Verbindlichkeit ist nur dann gut, wenn es sich um einen Glauben oder eine Spiritualität handelt, die einem entspricht und die für einen auf allen Ebenen förderlich ist. Denn das muss man halt einfach auch sehen: Es gibt viele religiöse und spirituelle Praktiken, die dem Menschen nicht unbedingt guttun. Religion und Spiritualität per se als etwas Gutes zu sehen, ist gefährlich. Sie können durchaus sehr positiv sein, aber sie können auch destruktiv werden.

Können Sie das erklären?
Meiner Meinung nach ist es wünschenswert, dass erwachsene Personen sich nicht in eine totale Abhängigkeit anderer Menschen begeben und nirgends ihren Verstand an der Tür abgeben. Es kann sehr gefährlich sein, wenn sich jemand einer reli-

giösen Führungspersönlichkeit über Jahre hinweg unterwirft. Ich würde sogar sagen, dass das auch schon für eine Woche problematisch ist. Und je länger sich eine solche Abhängigkeit durchzieht, umso weitgreifender sind die Konsequenzen und umso schwieriger wird es, sich wieder zu lösen. Leider gibt es auch religiöse und spirituelle Lehren, die darauf abzielen, dass die Menschen sich schuldig fühlen oder dass sie das Gefühl haben, sie und ihre Praxis würden nie genügen.

Was macht das mit den Betroffenen?
Sie können ins Bodenlose fallen. Ich habe das oft genug erlebt bei Menschen, die schwer krank wurden und dann der Überzeugung waren, wenn sie sich bloss spirituell ausreichend weiterentwickelt hätten, wenn sie bloss ihren Geist genug geöffnet hätten, wenn sie nur ausreichend mit dem Universum in Kontakt getreten wären, wären sie gar nicht erst erkrankt oder zumindest wieder gesund geworden. Und damit entsteht der Krankheit und gegebenenfalls auch dem Sterben gegenüber eine Einstellung, die extrem belastend ist, weil die betroffenen Personen dadurch permanent scheitern. Und je mehr sie dann meditieren, atmen und sich verbinden, und dennoch nicht gesund werden, desto schlechter geht es ihnen. Diese Menschen suchen die Schuld oder die Verantwortung ausschliesslich bei sich, und sie sind überzeugt, sie seien etwa für ihre Krebserkrankung selbst verantwortlich und würden nicht gesund, weil sie nicht richtig oder nicht ausreichend beten.

Es gibt Untersuchungen, die sagen, religiöse Menschen seien generell gesünder oder würden schneller genesen.
Solche Studien sind, jedenfalls zum Teil, kritisch zu lesen,

denn dieses scheinbar gesteigerte Wohlbefinden kann man mit vielen Faktoren begründen. Ein Grund dafür können auch soziale Kontakte sein. Wenn ein Mensch eng eingebunden ist in eine religiöse oder spirituelle Gemeinschaft, dann hat er ein sehr engmaschiges Netz an Menschen, die ihn unterstützen. Das trägt nachweislich zum Wohlbefinden bei. Es ist auch eine grossartige Erfahrung, wenn man krank ist und einem zehn Leute versichern, dass sie für einen beten werden. Das hat – und zwar ganz unabhängig davon, ob es jetzt eine transzendente Realität gibt oder nicht – auf jeden Fall eine positiv unterstützende Wirkung.

Kann Glaube – abgesehen vom Faktor der Gemeinschaft – Menschen dennoch resilienter machen?

Ja, in einer gesunden Form können Glaube und Spiritualität ein entscheidender Faktor für Resilienz sein. Weil diese Menschen Ereignisse und Erlebnisse einordnen und sich erklärbar machen können. Weil sie wissen, was sie in einem so schwierigen Moment tun können. Es setzt Menschen grossem Stress aus, wenn eine Krise eintritt und sie nicht damit umgehen können. Gläubige und spirituelle Menschen können auf geübte und bekannte Ressourcen zurückgreifen. Sie haben dann das Mantra, die Meditation, das Gebet oder die Kerze, die sie vor einer Marienstatue anzünden können. Das vermittelt Sicherheit.

Glauben darum Menschen auch heute noch?

Es ist eine anthropologische Konstante, dass Menschen die Welt und ihre Erfahrungen in eine Ordnung bringen oder in ein System einfügen wollen. Und wir werden immer Erfahrungen und Beobachtungen machen, die sich nicht unmittelbar einordnen lassen oder die uns nicht sofort zugänglich sind. Zum Beispiel wenn jemand stirbt. Selbst wenn ich davon überzeugt bin, dass diese Person in irgendeiner Form weiterlebt, selbst wenn ich überzeugt bin, dass die Person jetzt ein Engel ist oder aber ein unruhiger Geist, der mich in Albträumen heimsucht – es gibt definitiv nicht mehr die gleiche Interaktionsmöglichkeit wie früher. Diese Erfahrung, dass im Moment des Todes etwas abbricht, dass jemand nicht mehr so adressierbar ist wie zuvor, die Kommunikation nicht mehr in der gleichen Art möglich ist, und jemand nicht mehr so wie zuvor berührt und gespürt werden kann, versuchen die meisten Menschen, sich in irgendeiner Weise verständlich zu machen. Und das gilt für anderes genau so, etwa Krankheiten oder unerwartete Naturerlebnisse. Dem Bedürfnis, Dinge in einen grösseren Zusammenhang zu stellen, können religiöse oder spirituelle Erklärungsmuster oder Erzählungen nachkommen. Sie geben den Menschen etwas, an das sie mit ihrem eigenen Erleben anknüpfen können, etwas, in das sie sich einfügen können. Manches bleibt vielleicht noch immer unerklärlich, aber man hat einen Anker, an dem man sich festmachen kann.

MARCEL STEINER

«Ayahuasca hat eine ähnliche Energie wie die heilige Maria»

Marcel Steiner, * 1960, studierte Theologie, war Gemeindepfarrer und Gefangenenseelsorger. Parallel dazu hat er sich zum Zen-Lehrer ausbilden lassen. Auf seinem Weg hat er intensive Erfahrungen mit der bewusstseinserweiternden Pflanze Ayahuasca gesammelt. Heute leitet er Fasten- und Meditationskurse im Lassalle-Haus in der Schweiz und in Portugal. Er ist Vater zweier erwachsener Söhne.

Ich bin damals ziemlich unbedacht im Theologiestudium gelandet. Denn bevor ich mich für den christlichen Glauben interessierte, fand ich durch eine Verwandte vor allem Gefallen an östlichen Philosophien, Yoga und am Rande auch an Meditation. Ich las unzählige Bücher und dabei sind mir immer mal wieder biblische Zitate begegnet. Irgendwann wurde mir bewusst, dass ich über ferne Religionen und Denkweisen besser Bescheid weiss als über den eigenen Glauben. Die beste Möglichkeit, dies zu ändern – so schien es mir –, war ein Theologiestudium. Doch besonders zu Beginn war ich ziemlich überfordert und fand nicht so recht hinein.

Einige meiner Studienkollegen pflegten damals engen Kontakt zu Taizé, einer bekannten ökumenischen Gemeinschaft im Burgund. Sie wurde ursprünglich von Frère Roger, einem evangelischen Pfarrer aus der Schweiz, in der Zeit des Zweiten Weltkriegs gegründet. Er hatte Kriegsflüchtlinge aufgenommen, aber sein Traum war es immer gewesen, ein klösterliches Umfeld zu schaffen. Im Zuge der Studentenunruhen in Frankreich fanden dann plötzlich tausende von jungen Menschen den Weg zu ihm ins Burgund. Die Brüder – es war mittlerweile eine Gemeinschaft – luden die Menschen ein, mit ihnen zusammen die drei Mal täglich stattfindenden Gebetszeiten zu teilen. Im Zentrum dieser Rituale steht neben den unterdessen bekannten, mantraartigen Gesängen eine zehnminütige Zeit der Stille. Ich fühlte mich sofort wohl und verbrachte viel Zeit dort. Auf dieser Gemeinschaft baute ich mein Fundament des Glaubens und entwickelte meine persönliche Spiritualität. In Taizé konnte ich den Glauben leben und erleben, während die Theologie eher ein Instrument dafür war, das Ganze intellektuell zu verstehen und zu bewältigen. Mir hat es wirklich den Ärmel reingezogen und ich blieb fast drei Jahre in Frankreich. Irgendwann dachte ich sehr ernsthaft darüber nach, ganz einzutreten, also Mönch zu werden. Doch der Mönch, der mich in dieser Zeit begleitete, war der Überzeugung, dass dieses klösterliche Leben nichts für mich wäre. Er hatte recht damit. Frère Roger war eine sehr markante Figur gewesen. Wenn er Pieps gesagt hat, hat man Pieps gemacht. Mich so stark ein- und auch unterzuordnen, hätte für mich längerfristig nicht gepasst. Ich verliess die Gemeinschaft dennoch traurig und schweren Herzens und ging zurück in die Schweiz, um mein Theologiestudium abzuschliessen.

Einige Zeit später besuchte ich eine ehemalige Studienkollegin. Sie erzählte mir, dass sie gerade von einer Zen-Einführung im Lassalle-Haus in Zug zurückgekommen sei. Ich hatte nicht gewusst, dass es ein solches Angebot in der Schweiz gab und war sofort Feuer und Flamme! Noch bei der Kollegin zu Hause rief ich im Lassalle-Haus an und erkundigte mich nach der nächsten Einführung. So kam ich gleichzeitig zu meinem Pfarramt und zur Zen-Meditation. Dadurch, dass ich in einem Teilzeitpensum als Pfarrer angestellt war, hatte ich viel Zeit, mich der Zen-Meditation zu widmen. Zen war ursprünglich eine monastische Tradition. Dadurch konnte ich das Klösterliche, das mich wie schon früher in Taizé nach wie vor stark anzog, dennoch leben, aber jeweils zeitlich begrenzt. Und ich konnte trotzdem eine Familie gründen. Ich hatte meine Frau, eine Portugiesin, in Taizé kennengelernt. Sie verstand meinen Wunsch nach diesem vertieften Meditieren und sowohl sie als auch meine Söhne waren sehr grosszügig mit mir: Ich konnte sieben, acht Wochen pro Jahr in Zen-Kursen verbringen. Ich habe über Jahre sehr intensiv praktiziert und schliesslich hat mich der Zen-Meister Niklaus Brantschen ermutigt, selbst Kurse zu geben.

In dieser Zeit erlebte ich das Zen als perfekte Ergänzung zum Pfarramt. Als Pfarrer verbrachte ich oft die halbe Woche damit, die Predigt für den Sonntag vorzubereiten. Es standen viele Besuche an, ich musste stets viel reden, viel lesen und viel denken. Beim Zen konnte ich das alles weglegen und in der Stille sein. Insofern waren das Pfarramt und das Zen eine optimale Balance.

Es gab aber auch Zeiten, in denen es mir schwerer gefallen ist, diese zwei Facetten meines Lebens zu verbinden. Etwa als ich feststellte, wie sich bei mir das dualistische Konzept, diese fixe Idee eines Gegenübers, aufzulösen begann. Fragen wie «Zu wem rede ich im Gebet überhaupt?» sind plötzlich aufgetaucht. Es fiel mir auch deshalb zunehmend schwer, Gottesdienste zu halten. Für mich war es Zeit für eine Veränderung und ich habe schliesslich vom Pfarramt in die Selbständigkeit als Kursleiter gewechselt. Ich wurde nicht ungläubig, aber mein Glaube hat sich verändert. Und zwar nicht nur der christliche Glaube, auch meine Zen-Praxis wurde durchlässiger. Ich meditiere heute noch immer jeden Morgen. Aber gerade bin ich auch im Zen in einer Phase, in der ich wenig reden und erklären mag. Manchmal denke ich: «Schaut einfach, es ist doch alles da!» Natürlich weiss ich, dass die Menschen – auch ich – froh sind, wenn sie einen Impuls von aussen erhalten, einen inspirierenden Text lesen können oder treffende Worte hören. Auch wenn es mir nicht immer leichtfällt, ist mir bewusst, dass es meine Rolle ist, diese Kurse zu geben, meine Erfahrung und mein Wissen zu teilen. Das tut mir auch gut, denn so werde ich immer wieder herausgefordert und eingeladen, meinen eigenen Glauben zu hinterfragen. Das mindert die Gefahr, dass ich mich zu sehr abkapsle.

Seit einigen Jahren ermöglichen mir Erfahrungen mit der Heilpflanze Ayahuasca, weitere Ebenen des Bewusstseins zu erforschen. Durch Zufall bin ich damit in Kontakt gekommen und was ich auf diesen Reisen erlebe, ist ehrlich gesagt ziemlich *mind-blowing*! Ich hatte nicht erwartet, dass ich so eindrückliche Erfahrungen machen würde. Ayahuasca wurde ursprünglich von der südamerikanischen Urbevölkerung bei spirituellen Ritualen eingesetzt und zur Bewusstseinserweiterung genutzt. Die rituelle Einnahme des Tees führt einen oft an schwierige Erfahrungen heran, an emotionale Verletzungen und Traumata. Sie kann aber auch ganz tiefe, mystische Erfahrungen ermöglichen.

Bei meinen ersten Reisen kam nichts Biografisches an die Oberfläche, ich erlebte viel mehr kollektive Geschichten. So gab es etwa in meiner ersten Zeremonie nur ein einziges Thema: der Zweite Weltkrieg. Als die Wirkung einsetzte, nahm ich die Rolle eines amerikanischen Piloten ein, der über Deutschland flog. Ich feuerte eine Bombe ab und in diesem Moment wurde ich zur Bombe. Dann wurde ich zu den Menschen, die wussten, dass sie gleich von einer Bombe getroffen werden würden. Ich war alles, jeder Teil dieser Szene, und zwar ganz ohne Wertung. Ich hatte schon als Kind eine Faszination gehabt für Kriegsfilme. Ich erinnere mich auch, dass ich als Jugendlicher in München ein Konzentrationslager besucht hatte. Das hat mich damals bis ins Innerste berührt und aufgewühlt. Dank der Erfahrungen mit Ayahuasca ist mir nun klar, dass mir das damals nicht nur so naheging, weil ich diese

Filme gesehen habe, sondern weil ich diese Geschehnisse in gewisser Weise mittrage.

Das macht auch aus wissenschaftlicher Sicht Sinn: Mittlerweile geht man etwa in der Epigenetik davon aus, dass auch Erlebnisse wie etwa Traumata vererbt werden können. So verstehe ich auch das Konzept der Reinkarnation: Ich glaube nicht, dass meine Seele früher einmal dieser Pilot gewesen ist. Aber das Bewusstsein hat sich in einem Menschen, wie etwa in diesem Piloten, konzentriert und herauskristallisiert. Irgendwann löst sich der Mensch durch den Tod wieder auf, aber die Erfahrung geht weiter. Wie bei einem Fluss. Wenn er fliesst, entstehen manchmal Wirbel. Dann fliesst das Wasser weiter und bildet an einer anderen Stelle wieder einen Wirbel. Im unteren Wirbel ist vielleicht ein Teil des Wassers, das auch im oberen Wirbel war, enthalten. So stelle ich es mir vor, dass wir alle Anteile – und letztlich die gesamte Geschichte der Menschheit – in uns tragen, und zwar ganz körperlich. Und da Ayahuasca sehr stark körperlich wirkt, hat es die Kraft, diese Erfahrungen zu aktivieren, und es ermöglicht uns dadurch, schmerzhafte Empfindungen aufzuarbeiten und schliesslich zu heilen.

Bei einer Frau, die gleichzeitig wie ich an einer Zeremonie teilnahm, war das Thema ein Missbrauch in der Kindheit. Sie hat zahlreiche Ayahuasca-Reisen unternommen und stets war dieses Trauma das Zentrum ihrer Erfahrung. Es können also Erfahrungen aus diesem Leben hochkommen oder eben auch aus der Geschichte der Ahnen. Man weiss nicht, was einen erwartet. Aber man kann darauf vertrauen, dass man das erlebt, was man braucht, was in diesem Moment wichtig und richtig ist. Ayahuasca wird oft wie die heilige Maria beschrieben: Eine weibliche Energie, die einen an der Hand nimmt während dieser Reise, die immer Heilung als Ziel hat. Und damit Heilung passieren kann, braucht es häufig die Auseinandersetzung mit dem Schmerz. Darum kommen oft schlimme Erlebnisse oder Bilder hoch.

Wenn die Wirkung des Ayahuasca anfängt, fällt die Zeit komplett weg. Bei meiner ersten Reise dachte ich, es wären mindestens fünf, sechs Stunden vergangen, dabei hatte die Erfahrung gerade mal neunzig Minuten gedauert. Zeit wird relativ. Die ganze Wirklichkeit ist einfach da, es gibt keine Vergangenheit und keine Zukunft mehr. Bei meiner zweiten Reise erlebte ich hunderttausend Bilder, Eindrücke und Szenen, die nicht erklärbar sind. Alles war gleichzeitig präsent. Dadurch kann man innert kürzester Zeit extrem viel erleben. Das ist wie ein High-Speed-Download an Informationen. Müsste man das lesen, dauerte das Monate.

Ich habe während einiger meiner Reisen stark gelitten, der Schmerz ging enorm tief und ich fühlte mich dem Leiden stark ausgesetzt. So intensiv, dass ich mehr als einmal gedacht habe: «Jetzt verstehe ich, was es bedeutet, wenn es heisst: Jesus trägt das Leiden der gesamten Menschheit.» Erst später, nach diesen schmerzhaften Ayahuasca-Erfahrungen, gab es diese Verschmelzung mit dem Kosmos. Davon wird oft berichtet und es klingt immer wahnsinnig spektakulär, aber es ist einfach passiert, ganz natürlich sozusagen. Ich wurde eins mit dem Kosmos, eins mit allem. Interessanterweise wurden meine Reisen nach dieser Erfahrung nur noch erdiger. Das heisst, ich erlebte keine Visionen mehr, sah weder Bilder noch Filmsequenzen. Das Erlebte war nur noch körperlich. Ich zitterte oft sehr stark. Ich verstehe das als ein körperliches Ausschaffen von Traumata. Denn schmerzliche Erfahrungen setzen sich im Körper fest, nicht nur in unserem Geist. Ich verbrachte vor einiger Zeit einen Monat in Peru, wo ich intensiv mit Ayahuasca gearbeitet habe. Und in dieser Zeit waren die Erfahrungen ebenfalls ausschliesslich körperlich: Zittern, Erbrechen und Durchfall. Alles musste raus. Das war unfassbar anstrengend. Aber ich wusste: Wenn das nun an der Reihe ist, dann ist das genau richtig so.

Man weiss also nie, was Ayahuasca mit einem vorhat. Darum ist es auch entscheidend, sich eine gewisse Offenheit zu bewahren. Man sagt zwar, man soll mit einer Intention in eine Zeremonie hineingehen. Man soll sich vorher fragen, woran man arbeiten möchte. Aber gleichzeitig ist es auch das Ziel, offen zu bleiben und sich darauf einzulassen, was auch immer einem begegnen wird. Gerade, wenn man vielleicht von den Erfahrungen anderer gehört hat, kann es sein, dass man sich auf eine gewisse Art von Reise versteift und dann enttäuscht ist, wenn man etwas anderes erlebt, und das Gefühl hat, dass die eigene Erfahrung vielleicht nicht «so gut» war. Aber hier muss man wieder ins Vertrauen kommen. In das Wissen, dass das, was sich zeigt, genau das Richtige ist. Ob es jetzt wunderbar ist oder wirklich schwierig und herausfordernd – was kommt, ist das, was Platz braucht. Das ist – wie die Verschmelzung mit dem Kosmos – eine weitere Parallele zum Zen. Manche Meditationen fühlen sich an, als ginge man durch die Hölle, weil auch dort schwierige Themen hochkommen können.

Mich beeindruckt vor allem die Wirkung von Ayahuasca im Alltag. Oft erkläre ich es so: Das jahrelange Meditieren hat in mir eine Art Stausee gebildet. Aber bei der Staumauer gab es keinen richtigen Abfluss. Durch Ayahuasca sind diese Schleusen aufgegangen. Ich konnte viele Ängste loslassen. Ich komme aus einer Familie, die alles verloren hat, wir mussten immer sparen. Ein Grundsatz hat sich zutiefst in mir eingeprägt: Geld ausgeben ist schlecht, sparen ist gut. Das war natürlich auch für meine Familie nicht immer einfach, weil ich stets zehn Mal überlegt habe, ob wir etwas wirklich kaufen wollen oder nicht. Aber diese Angst, das Geld könnte irgendwann nicht reichen, ist weggefallen. Das ist vielleicht keine besonders spirituelle Einsicht, aber für mich dank Ayahuasca eine grosse Befreiung.

Das Auflösen dieses kleinen «Ich», mit dem wir uns meistens identifizieren, und das Erleben der Verbundenheit, das Eins-Sein mit allem und allen, ist eine unglaublich bereichernde Erfahrung. Man könnte sagen, alles ist ein Ausdruck von diesem «Einen», im christlichen Sinne würde man sagen: Alles ist ein Ausdruck des Göttlichen. Und wie damals in Taizé erfahre ich auch durch Ayahuasca die Ehrfurcht vor dem Leben und gleichzeitig auch die Liebe zum Leben, zu den Menschen und allen Lebewesen – das hat sich durch Ayahuasca vertieft. Was aber komplett weggefallen ist, sind strenge, sündhafte und moralische Konzepte. Natürlich versuche ich ein gutes Leben zu führen und so weit wie möglich im Einklang mit der Natur zu leben. Aber nicht aufgrund von äusserem Druck, sondern weil es meine tiefschürfende Erfahrung ist: Wir sind ein Teil von allem. Ich möchte so leben, dass möglichst wenig andere Lebewesen Schaden davon nehmen. Ich will Leben fördern statt zerstören.

Psychedelika erleben einen grossen Boom. Auch deshalb, weil die Menschen nach Antworten suchen. Viele wagen es, sich mit den grossen Fragen auseinanderzusetzen, sie suchen nach dem Sinn und verspüren eine Sehnsucht, wirklich zu verstehen. Ayahuasca kann dabei helfen, weil es einem einen anderen Zugang zu den Themen ermöglicht als der Intellekt. Denn der steht uns nicht selten im Weg und Ayahuasca kann dabei helfen, ihn zu überwinden. Dabei beschreiben viele, dass sie während einer Reise an einen Punkt gekommen sind, an dem sie gemerkt haben, dass sie die Erlaubnis geben müssen, um weiterzukommen. Gibt man diese Erlaubnis, gibt man zugleich auch die Kontrolle ab. Dort stehen viele an, dieses Loslassen gelingt nicht allen. Und das Faszinierende ist, dass das respektiert wird. Ayahuasca ist nicht etwas, das einen komplett überfährt. Aber gibt man die Erlaubnis und gelingt es einem, wirklich loszulassen, kann die tiefe Reise beginnen. Dafür sind die Vorbereitung und das Setting natürlich mitentscheidend. Man muss sich in einem geschützten Rahmen befinden und von vertrauenswürdigen Menschen begleitet werden.

Ich bin überzeugt davon, dass solche Erfahrungen den meisten Menschen guttun und ihr Leben bereichern würden. Vor allem dann, wenn man es nicht nur punktuell macht, auch wenn es natürlich auch legitim ist, das einfach mal auszuprobieren. Aber Ayahuasca ist kein einmaliger Trip, sondern ein Weg. Viele machen sich ein falsches Bild davon und haben die verlockende Vorstellung, sie könnten einmal an einer Ayahuasca-Zeremonie teilnehmen und damit würden alle Traumata aufgelöst und sie wären für immer glücklich. Ayahuasca kann Prozesse unterstützen und beschleunigen, aber es ist keine Abkürzung! Ayahuasca nimmt man vielleicht beim ersten Mal aus reiner Neugierde. Aber spätestens nach der ersten Reise weiss man, was das bedeutet, wie wahnsinnig anstrengend es sein kann, vor allem auch körperlich. Man überlegt sich danach gut, ob man sich wirklich erneut darauf einlassen will.

Eine gewisse Reibung, eine gewisse Herausforderung gehört meiner Meinung zu jedem Weg, der einen wirklich weiterbringt, der tiefgreifend etwas bewegt. Dabei muss man nicht in Traditionen hineinrutschen, die besagen: Nur wenn man leidet, mache man es richtig, nur durch Schmerz sei man nahe bei Gott. Leid ist nicht das Ziel, aber eine ehrliche Auseinandersetzung. Und die kann manchmal schmerzhaft sein, bevor die Heilung eintritt.

Mein Glaube hat sich im Laufe meines Lebens stets verändert und wird sich immer weiter wandeln, davon bin ich überzeugt. Ich erlebe Glaube und Spiritualität als etwas Lebendiges. Was mich beeindruckt und zum Staunen bringt, ist die Tatsache, dass ich immer wieder dorthin zurückgelange, wo ich herkomme. Wenn es mir nicht gut geht, fange ich spontan an zu beten, das passiert einfach, ohne dass ich mich aktiv dafür entscheide oder etwas dafür tun muss. Die Zeit in Taizé hat bei mir einen lebenslangen Grundstein für meine Spiritualität gelegt. Dieser Nährboden ist immer da, manchmal präsenter, manchmal etwas mehr im Hintergrund, aber er trägt mich stets durch alle meine Lebensphasen.

KATHRIN ALTWEGG

«Wir Menschen sind aus Sternenstaub gemacht»

Kathrin Altwegg, *1951, ist Astrophysikerin, assoziierte Professorin an der Universität Bern und ehemalige Direktorin des «Center for Space and Habitability». Sie ist Mutter zweier erwachsener Töchter, zweifache Grossmutter und lebt mit ihrem Mann in Kehrsatz, Bern.

Was ist für Sie das Verblüffendste an der Astrophysik?
Die Beschäftigung mit dem Weltall überhaupt! Und die Erkenntnis, wie gross es ist, und gleichzeitig zu wissen, dass es endlich ist – das bringt mich immer wieder zum Staunen.

Wo endet das Weltall?
Wenn man davon ausgeht, dass die Hypothese des Urknalls richtig ist, weiss man auch, dass sich das Weltall seit seiner Entstehung in Lichtgeschwindigkeit ausdehnt. Man kann also berechnen, wie gross es ist.

Man redet in der Astrophysik von Milliarden von Lichtjahren. Das liegt schlicht ausserhalb meiner Vorstellungskraft. Wie gehen Sie damit um?
Genau, manche Objekte, die wir jetzt sehen, also deren Licht jetzt bei uns ankommt, sind zum Beispiel drei Milliarden Lichtjahre entfernt. Also so weit, wie sich das Licht in drei Milliarden Jahren bewegt. Das ist auch für mich eine grosse Zahl. Aber ich kann sie mir vielleicht besser vorstellen, weil ich es gewohnt bin, in Logarithmen, in Zehnerpotenzen, zu denken. 10^9 ist eine Milliarde, 10^{10} sind zehn Milliarden und so weiter. So werden die Zahlen auf eine Art etwas kleiner. Zwar abstrakter, aber auch leichter vorstellbar.

Was macht es mit Ihnen, wenn Sie in den Himmel, ins Universum blicken?
Es ist einfach nur schön. Wenn Sie von einem dunkeln Ort aus in den Nachthimmel blicken, ist das doch wahnsinnig ästhetisch! Und je mehr ich weiss, umso verblüffender wird die Tatsache, dass das Universum existiert. Und wir ein Teil davon

sind. Dass es sich ständig weiter ausdehnt, dass es unzählige Sterne gibt. Und wahrscheinlich unzählige Planeten, möglicherweise irgendwo dort draussen sogar Leben.

Sie glauben, dass es nicht nur auf der Erde Leben gibt?
Ja, dass es ausserhalb der Erde irgendwo Mikroben gibt, ist statistisch gesehen sogar mit sehr grosser Wahrscheinlichkeit anzunehmen. Es ist auch möglich, dass es hochentwickelte Lebewesen gibt wie wir Menschen, wenn auch nicht viele. Denn der Mensch ist äusserst komplex. Er brauchte sehr lange Zeit, um sich zu entwickeln und unzählige Zufälle waren nötig, sodass es sehr wahrscheinlich nicht sehr viele Planeten gibt wie unseren. Und damit auch – wenn überhaupt – nur wenige ähnliche Lebensformen.

Befände sich die Erde nur etwas näher an der Sonne, wäre ein Leben hier der Hitze wegen unmöglich. Wäre die Erde etwas weiter weg, wäre es zu kalt, wie etwa auf dem Mars, und menschliches Leben wäre ebenfalls nicht denkbar.
Ja, es hat vieles wunderbar zusammengespielt. Betrachtet man die Geschichte der Erde, sieht man, dass das erste Leben relativ schnell entstand, nach etwa 800 Millionen Jahren gab es bereits Mikroben. Sie lachen, aber das ist für uns Astrophysiker wirklich schnell! Offensichtlich passiert das einfach, die Wahrscheinlichkeit, dass sich Mikroben entwickeln, ist also relativ gross. Man weiss heute dank der Exoplaneten-Forschung – also der Suche und Erforschung von Planeten ausserhalb des Sonnensystems –, dass fast jeder Stern Planeten hat. Es scheint ein normaler Vorgang zu sein, dass sich mit der Entstehung eines Sterns gleichzeitig Planeten bilden. Jetzt kann

man abschätzen: 10^{22} Sterne und noch mehr Planeten – das ist eine riesige Zahl, eine 1 mit 22 Nullen. Die ist sogar für mich absurd gross! Wenn man nun also annimmt, dass jeder Stern Planeten hat, sind auch die Chancen entsprechend, dass auf einem dieser Planeten Wasser in flüssiger Form vorkommt. Das und eine Atmosphäre sind zwingende Voraussetzungen für das Leben, so wie wir es kennen. Aber die Entwicklung von den Mikroben bis zum Menschen dauerte eine lange Zeit. 3,8 Milliarden Jahre – das ist auch für uns lang. In diesem Zeitraum musste das ganze System stabil gewesen sein, sonst hätte sich kein Leben wie unseres entwickeln können. Und das ist wahrscheinlich nicht auf vielen anderen Planeten der Fall.

Ist die Menschheit also Zufall und wir hatten einfach Glück, dass es uns gibt?
Glück, Zufall, göttliche Vorsehung – was immer man glaubt.

Was glauben Sie?
Beschäftigt man sich mit der Astrophysik, gibt es Fragen, von denen ich genau weiss, dass man sie nicht beantworten kann. Zum Beispiel: Was liegt ausserhalb des Weltalls? Es gibt Einsteins These, die sagt, ohne Materie gibt es weder Raum noch Zeit. Und damit ist die Frage nach dem «Ausserhalb» erledigt, denn demnach gibt es dort nichts. Aber für mich als Mensch gibt es trotzdem immer ein «Ausserhalb». Denn das Problem ist, dass wir uns «nichts» nicht vorstellen können. Wann immer man sich «nichts» vorstellt, stellt man sich ja doch etwas vor, auch wenn es nur Dunkelheit ist. Sagt also jemand, es gäbe kein «Ausserhalb», macht das mir einen Knopf ins Gehirn, das geht für mich nicht auf. Darum glaube ich schon, dass es

eine weitere Dimension gibt, eine, die wir nicht verstehen. Ich stelle mir Gott nicht personell vor, sondern als eine göttliche, alles umschliessende Dimension.

Sind Ihre Kolleginnen und Kollegen im wissenschaftlichen Umfeld gläubig?
Sowohl als auch. Manche lehnen den Gedanken an Gott völlig ab, andere sind tiefgläubig. Und ich liege irgendwo dazwischen. Ich bin katholisch aufgewachsen, aber in einer gemischten Ehe, meine Mutter war reformiert, mein Vater katholisch. Sie waren nicht sehr religiös. Sie haben uns Kinder zwar in die Kirche geschickt, sind selbst aber nicht hingegangen. Ich lebe auch in einer gemischten Ehe, mein Mann ist reformiert, unsere Kinder ebenfalls. Dennoch habe ich mit Religion nicht besonders viel am Hut. Mit dem Gedanken an eine weitere Dimension jedoch schon. Ich habe mich auch während meiner Karriere mit diesen existenziellen Fragen auseinandergesetzt.

Wie gehen Wissenschaft und Glaube zusammen?
Sehr gut! Mir ist es sehr wichtig zu betonen, dass sich der Glaube und die Wissenschaft nicht ausschliessen. Am «Center of Space and Habitability» in Bern haben wir eng mit Theologen zusammengearbeitet. Wir haben uns schnell darauf geeinigt, dass wir Naturwissenschaftler fragen «Wie?» und die Theologen fragen «Warum?». Das sind andere Dimensionen, andere Ebenen. Und darum tun sich die Naturwissenschaft und die Religion absolut nicht weh. Sie überschneiden sich nicht. Aber beide Fragen, das Wie und das Warum, sind sehr menschlich. Ich denke, ein Regenwurm fragt sich nicht, warum er da ist.

Glauben Sie, was in der Bibel steht?
Einer der Theologen sagte, die Bibel sei eigentlich die erste naturwissenschaftliche Publikation. Und so falsch liegt er damit nicht, finde ich. Denn in der Bibel ist die Welt so beschrieben, wie die Menschen sie damals gesehen und verstanden haben. Und ich mache ja nichts anderes. Liest jemand in 2000 Jahren meine Publikationen, werden sie sich mit Sicherheit auch an den Kopf fassen. Manche Erkenntnisse passen vielleicht immer noch, während andere längst überholt sein werden.

Macht es Sie als Wissenschaftlerin manchmal verrückt, dass sich das Warum nicht abschliessend ergründen lässt?
Nein, gar nicht, das kann ich akzeptieren. Ich weiss, dass man Gott mit der Naturwissenschaft nie wird beweisen, aber auch nie wird widerlegen können. Wenn es eine höhere Macht – einen Gott – gibt, entzieht er sich unseren Messmethoden. Gott lässt sich nicht festmachen.

Was denken Sie, warum ist das so?
Ich glaube, das muss so sein. Wenn es Gott gibt, ist er nicht von unserem Leben. Könnte man ihn messen, würde das den Menschen über Gott stellen. Und das, denke ich, ist nicht der Sinn dieser höheren Dimension.

Viele Menschen spüren Gott, die höhere Dimension, in der Natur oder eben beim Blick in den Sternenhimmel.
Ja, viele der alten Religionen basieren auf der Natur, Gott war in der Natur. Und ich glaube, diese Naturverbundenheit ist immer noch tief verankert. Auch weil die Natur so unglaublich

schön ist, genauso wie die Physik. Sie basiert auf ganz wenigen, fundamentalen Kräften und Formen. Die sind eigentlich sehr simpel und dadurch auch sehr schön. Und weil am Ende alles auf Physik beruht, ist auch die Grundlage unserer Existenz einfach schön. Das gibt mir schon das Gefühl, dass es eine höhere Dimension gibt, die das entworfen oder den Prozess initiiert hat.

Unterstützt Sie diese höhere Dimension in Ihrem Menschsein?
Es ist nicht so, dass ich etwa Gebete spreche. Aber wenn ich über unser Leben nachdenke, spielt diese Dimension schon eine grosse Rolle. Etwa, wenn ein Mensch auf die Welt kommt. Vor Kurzem wurde mein zweites Enkelkind geboren. Das ist ein Wunder, das kann man nicht anders sagen! Dass das Wesen aus Atomen besteht, das kann ich naturwissenschaftlich gut erklären. Aber der Geist, den das Kind mitbringt, verblüfft mich. Es unterscheidet sich schon jetzt stark von seinem Geschwister, sie sind unterschiedlich, obwohl sie von den gleichen Eltern stammen. Klar, kann man jetzt noch nicht so viel über den Charakter sagen, aber man merkt dennoch, dass sie anders sind. Es sind also nicht nur Gene, Erziehung und kulturelles Umfeld, die uns prägen. Wir bringen als Menschen bereits einiges mit, wenn wir auf die Welt kommen. Wir sind einzigartig.

Und was glauben Sie, was am Ende der Lebensspanne passiert, nach dem Tod?
Was mit der Materie geschieht, ist klar: Unsere Atome werden erst einmal auf der Erde bleiben, irgendwann werden sie von der Sonne absorbiert und dann schliesslich ans Universum

abgegeben. Und daraus entstehen vielleicht irgendwann wieder andere Sonnen, Planeten, Leben oder was auch immer.

Also verschwinden wir nie komplett?
Nein, die Atome, aus denen wir gemacht sind, lösen sich nicht einfach auf. Solange es keinen erneuten Urknall gibt, bleiben die Atome bestehen. Die Anzahl der Atome ist endlich, sie werden ständig recycelt. Damit ist die Chance gross, dass die Atome, aus denen Sie und ich gebaut sind, auch schon Teil anderer Lebewesen gewesen sind. Natürlich nicht in der gleichen Konstellation, aber vielleicht haben Sie Atome eines anderen Menschen, eines Baums oder eines Tiers in sich. Die Atome wurden in den Sternen gebildet, sie sind eigentlich Sterne, die es nicht mehr gibt.

Bestehen wir im Grunde also aus Sternen?
Ja, wir Menschen sind aus Sternenstaub gemacht! Zu 63 Prozent bestehen wir aus Sauerstoff, der aus der Supernova – also aus der Explosion eines Sterns – kommt. Der Wasserstoff in unserem Körper stammt direkt aus dem Urknall und der Kohlenstoff von kleineren Sternen. Wir sind tatsächlich Sternenstaub! Der Kreislauf geht immer weiter und die Chancen stehen gut, dass unsere Atome irgendwann wieder zu einem Stern oder direkt zu einem Planeten werden.

Bedeutet das in gewisser Weise auch, dass wir gar nicht so einzigartig sind, wie wir manchmal das Gefühl haben, sondern viel mehr das Ergebnis von sehr raffiniertem Recycling?
Was unsere Materie betrifft, stimmt das. Aber wenn es um

unseren Geist geht, lässt sich die Frage nicht so einfach beantworten, da weiss ich genauso wenig wie Sie. Vielleicht kommt die höhere Macht ins Spiel, wenn es darum geht, was mit unserem Geist einmal passieren wird. Oder ob überhaupt etwas damit passiert. Das nimmt mich schon auch wunder. Vielleicht kehren wir in diese äussere Dimension zurück. Aber das wird man naturwissenschaftlich nie beweisen können.

Macht Ihnen die Vergänglichkeit Angst?
Je mehr ich mich mit diesen Vorgängen befasse, umso weniger. Das Sterben ist ein Teil der Natur, und ich bin ein Teil davon, wenn auch nur ein winziges Stückchen dieses ganz Grossen. Das genügt mir und der Fakt, dass ich für eine Weile hier sein darf, ist schon an sich sehr schön. Der Tod ist aber ein Tabu, auch weil es weh tut, einen geliebten Menschen zu verlieren, und einem dadurch die eigene Vergänglichkeit vor Augen geführt wird: Meine Eltern sind gestorben und ich weiss, ich gehöre zur nächsten Generation, die stirbt. Ich glaube, man spricht auch darum nicht gerne über den Tod, weil wir die Kontrolle werden abgeben müssen. Beim Sterben haben wir halt wirklich nichts mehr zu sagen. Aber irgendwann werden wir sowieso alle aussterben.

Sorgen Sie sich um unsere Existenz?
Ich mache mir Sorgen um die Menschheit. Ich habe heute Morgen etwa im Radio gehört, dass das Aufrüsten mit Atomwaffen munter weitergeht. Solche Dinge beschäftigen mich. Die Klimaveränderung macht mir ein bisschen Sorge. Sie hält sich aber in Grenzen, weil ich genau weiss, dass das Klima sich

ändern wird, Mensch hin oder her. Die Sonne wird immer heller und irgendwann – spätestens in 600 Millionen Jahren – ist die Erde kein Platz mehr zum Leben. Der Mensch beschleunigt den Klimawandel, aber aufhalten können wir ihn unter keinen Umständen. Gegen die Sonne sind wir machtlos, das hat mit CO_2 nichts mehr zu tun. Wir hatten so viel Glück und es gab so viele Zufälle. Diese Glückssträhne wird nicht ewig anhalten.

Könnten wir demnach den ganzen Klimaschutz einfach vergessen?
Nein, nein! Für uns ist es schon massgebend, ob wir den Klimawandel beschleunigen oder nicht. Es macht einen Unterschied, ob es auf der Erde noch lebenswert ist in den nächsten hundert oder in den nächsten zehntausend Jahren. Also müssen wir jetzt auf jeden Fall Acht geben. Aber in ein paar Millionen Jahren wird es hier sowieso zu heiss sein für das Leben, wie wir es kennen.

Und dann wird die Menschheit ausgelöscht werden?
Tatsächlich überlege ich mir manchmal, wie das Ende sein wird. Man weiss, dass es in den letzten 540 Millionen Jahren fünf Apokalypsen gab, fünf Weltuntergänge, wenn man so will. Einen Weltuntergang definiere ich so, dass der grösste Teil der Lebewesen ausstirbt. Das passierte fünf Mal aus verschiedenen Gründen. Immer eine grosse Rolle spielten Vulkane. Und man weiss, dass das auch heute noch passieren kann. Riesenvulkane – also nicht bereits bestehende Vulkanberge –, sondern ganze Felder können zur Bedrohung werden. Etwa die Phlegräischen Felder bei Neapel. Wenn dort alles aufs Mal in

die Luft geht, wird es kritisch. Auch in Island gibt es ähnliche Felder. Ein solcher Ausbruch könnte das Klima sehr stark verändern, etwa so, dass es auf einmal zehn Grad wärmer ist und unsere Existenz bedroht wäre. Ausserdem entsteht durch einen solchen Vulkanausbruch viel Schwefeldioxid, das ins Wasser gelangt und die Meere sauer macht. Dadurch sterben die Lebewesen im Meer aus.

Was könnte noch für einen Weltuntergang sorgen?
Auch ein Asteroideneinschlag könnte jederzeit wieder vorkommen, wie vor 66 Millionen Jahren. Damals schlug ein 12 Kilometer grosser Asteroid mit 72 000 Stundenkilometern auf der Erde ein und sorgte dafür, dass die Dinosaurier ausgestorben sind. Schlüge wieder ein so grosser Asteroid ein, verdunkelte sich der Himmel, es würde viel kälter werden und nichts würde mehr wachsen. Man weiss auch, dass bei solchen Ereignissen die grossen, komplexen Lebewesen immer zuerst sterben. Sie können sich nicht so schnell anpassen und benötigen mehr Ressourcen. Eine Mikrobe ist mit wenig zufrieden. Es könnte also sein, dass nur sie überleben und sich dann – in Millionen von Jahren – wieder ein den Menschen ähnliches Lebewesen entwickelt, sofern die Bedingungen gegeben sind.

Beeinflusst das Wissen, dass ein Asteroid das Leben auf der Erde jederzeit auslöschen könnte, Ihren Alltag?
Ich versuche, mein Leben stets im Moment zu leben, aber weniger wegen der Asteroiden, sondern vor allem, weil ich weiss, dass es mich nicht ewig geben wird. Und ich versuche so zu leben, dass auch meine Kinder und meine Enkel noch

eine lebenswerte Erde haben. Der Rest ist Schicksal. Das kann ich nicht ändern und nicht beeinflussen.

Nachwort

Eine intensive Zeit liegt hinter mir. Ich habe Bücher und Artikel gelesen, Podcasts gehört, Sendungen geschaut und vor allem: vierzehn intensive Gespräche mit unterschiedlichsten Menschen geführt. Ich bin überwältigt, beeindruckt und voller neuer Gedanken.

Wenn ich ehrlich bin, habe ich mir zu Beginn gewünscht, ich wäre durch diese intensive Auseinandersetzung zum Schluss gekommen, es gäbe keine Göttin und keinen Gott, keine höhere Macht, nichts Unerklärliches und der Glaube sei nichts weiter als eine Illusion. Dass ich dieses Thema folglich für mich ad acta legen kann und mich nie wieder damit beschäftigen muss. Es wäre der einfachere Weg gewesen. Aber so ist es nicht gekommen. Auch Szenario zwei – ich weiss jetzt genau, wie das mit dem Glauben funktioniert und kann ihn tipptopp für mich definieren – ist nicht eingetroffen.

Die Arbeit an diesem Buch fühlte sich manchmal an, als versuchte ich, mit blossen Händen im tobenden Meer einen Fisch zu fangen. Kaum hatte ich das Gefühl, ihn endlich fest in den Händen zu halten, entglitt er mir wieder und eine riesige Welle überspülte mich. Ich musste mich aufrappeln, tief Luft holen und von vorne anfangen.

Und doch bin ich ein riesiges Stück weitergekommen auf meiner Suche. Ich lernte, wie unglaublich bereichernd es ist, sich zu öffnen und über so etwas Persönliches wie den Glauben und die Spiritualität zu reden. Wie viel Reichtum, Wissen und Verständnis darin liegen, selbst wenn man sich nicht einig ist. Das ist eine der wichtigsten Erkenntnisse für mich: Wir brauchen mehr Verständnis füreinander, für die verschiedensten

Ausprägungen des Glaubens und Nicht-Glaubens. Konsens muss nicht das Ziel sein, aber Akzeptanz und Respekt verschiedenster Glaubens- und damit auch unterschiedlichster Lebensformen. Dass wir offener und weniger verurteilend miteinander leben und über unser Verhältnis zum Glauben und zur Spiritualität reden können.

Mir wurde durch all die Gespräche mit diesen wunderbaren, unterschiedlichen und faszinierenden Menschen bewusst, wie eng, altmodisch und einseitig mein Verständnis und mein Bild von Religion ganz allgemein war. Wie viel weiter und breiter der Glaube sein kann, dass er auch Spielraum lassen kann. Und vor allem auch, wie viel er einem geben kann, wie viel Hoffnung, Mut und Zuversicht er schenken kann. Die gläubigen Menschen haben mich beeindruckt. Die Kraft, die sie ausstrahlen, das Vertrauen, die Verwurzelung, die Präsenz – manchmal kam es mir wirklich vor, all das sei nicht von dieser Welt. Ich habe grossen Respekt vor Menschen, die – in welcher Form auch immer – gläubig sind.

Ich wurde aber auch in manchen meiner Zweifel bestätigt. Dass Glaube und Spiritualität nicht nur schön und nett sind. Es gibt sie, die hässlichen und gefährlichen Seiten. Auch in der oft als «soft» wahrgenommenen modernen Spiritualität. Dass ein kritisches Hinterfragen unabdingbar ist, dass blinder Glaube nie gut ist. Auch im Katholizismus, aus dem ich ja ursprünglich komme, gibt es noch immer Dinge, die mich stören und für die ich kein Verständnis habe, die sich für mich einfach nicht stimmig anfühlen. Aber ich kann nachvollziehen, dass man sich in diesem Glauben zu Hause fühlt, auch wenn ich das nicht tue. Genauso kann ich Menschen, die nicht glauben, absolut verstehen und ihre Denkweise liegt mir weder fern, noch erscheint sie mir unerklärlich. Doch auch der Atheismus ist nicht meine Welt.

Ich habe gemerkt, dass sich mein Glaube nicht abschütteln lässt. Er sitzt tief, irgendwo, wo die Ratio nicht mehr hinkommt. Wenn ich am Meer sitze, wenn ich die Vögel singen höre, wenn ich sehe, wie ein Pflänzlein durch die Erde stösst, den Samen noch auf den zarten Blättern, wenn ich die Berge, Wälder und alle Kreaturen betrachte, wenn ich meine Kinder sehe – dann komme ich nicht umhin, an etwas Grösseres, Magisches, Überwältigendes zu glauben.

Mir wurde auch klar, dass meine Fragen – die existenziellen Fragen nach dem Warum, Woher, Wohin – eine lange Geschichte haben. Dass ich damit gar nicht so allein bin, wie ich manchmal gedacht habe. Dass dieses Bedürfnis ganz viele Menschen haben, manche ausgeprägter, andere weniger. Dass andere Menschen ebenfalls diese Sehnsucht nach Transzendenz, nach einem tieferen Verständnis unserer Existenz und nach einem Gefühl der Verbundenheit mit etwas Grösserem als uns selbst suchen. Allein diese Tatsache finde ich extrem tröstlich und es löst in mir ein Gefühl von Gemeinschaft und Zusammenhalt aus.

Viele der gläubigen Menschen erzählten von Vorbildern, von Menschen, die sie auf ihrem Glaubensweg geprägt haben. Ich hatte nie ein solches religiöses oder spirituelles Vorbild. Jemanden, den oder die ich in herausfordernden Zeiten hätte fragen können: Welche Antwort hat dein Glaube darauf? Es lässt sich natürlich nicht sagen, ob sich mein Glaube oder meine Spiritualität dadurch anders entwickelt hätte. Aber ich glaube, manchmal habe ich mir eine solche Figur gewünscht, ohne es zu wissen.

Ich weiss jetzt, dass es nicht nur schwarz und weiss gibt. Dass sich zwischen atheistisch und strenggläubig ein riesiger, farbiger Regenbogen aufspannt. Und irgendwo auf diesem Regenbogen befinde ich mich. Dieses Bild erschien mir, als ich im Rahmen dieses Buchs Erfahrungen mit bewusstseinserweiternden Substanzen machte. Ich sah mich – gemeinsam mit ganz vielen anderen Menschen – auf einem riesigen Regenbogen spazieren. Ein wunderbares Gefühl der Gemeinschaft umschloss mich und ich spürte die Gewissheit: Ich muss nicht genau wissen, wohin ich gehe, sondern bloss vertrauensvoll einen Schritt nach dem anderen tun.

Ich weiss jetzt, dass ich nicht auf den Glauben an etwas Höheres, etwas Grösseres und Umfassenderes verzichten will. Und zwar nicht, weil es meiner Meinung nach der bessere oder richtige Weg ist, sondern weil ich schlicht und einfach nicht anders kann. Ich würde mich permanent selbst belügen. Und ich möchte auch ganz bewusst nicht darauf verzichten, weil der Glaube an etwas, das grösser ist als das, was wir in unserem Alltag wahrnehmen, mein Leben unfassbar viel reicher, lebendiger und bunter macht. Weil der Glaube für mich ein stückweit den kindlichen «Gwunder», das Staunen bewahrt oder zurückbringt. Dieser Magie möchte ich in meinem Leben ganz bewusst Platz und Raum geben.

Natürlich habe ich jetzt nicht alle Antworten. Ich weiss noch immer nicht, was der Sinn des Lebens ist und nur, weil ich Glaube und Spiritualität bewusst zulasse, wird nicht alles einfach und klar und verständlich werden. Ich habe den Fisch nicht mit blossen Händen fangen können. Aber die Wellen sind kleiner und ruhiger geworden. Und zumindest hin und wieder sehe ich den Fisch im klaren Wasser. Manchmal nur von Weitem, manchmal zum Greifen nahe. Ich weiss, ich stehe am Anfang meiner Glaubensreise, es gibt noch viel zu sehen und zu entdecken. Glaube und Spiritualität sind nicht fest und starr, sondern verändern sich stets. Dass ich mich irgendwann zu einer Glaubensrichtung, zu einer Religion, bekennen werde, dass es irgendwann klick macht, bezweifle ich. Und das muss auch gar nicht unbedingt sein. Aber ich weiss, dass ich nicht mehr auf allen spirituellen Hochzeiten tanzen will, gezielter wähle, was ich in meinem Leben fest einbauen will, wo ich mich vertiefen und Reibung zulassen will. Ich bin unglaublich gespannt, was ich alles noch erleben werde. Und ich bin dankbar dafür, dass ich den Mut gefunden habe, zu sagen: «Ja, ich glaube.»

Dank

Mein grösster Dank geht an meine Gesprächspartnerinnen und Gesprächspartner. Danke, dass ihr euch meinen Fragen gestellt habt, eure Geschichte, Erlebnisse und Erfahrungen mit mir geteilt habt, dass ihr meiner Suche Raum gegeben und mir mögliche Antworten und Wege aufgezeigt habt. Ihr alle habt mich unglaublich viel weitergebracht, berührt, zum Nachdenken angeregt, inspiriert und motiviert. Das Buch wäre nicht ohne euch.

Ich danke allen, die direkt und indirekt zum Buch beigetragen haben, die Teil meines Lebens- und Glaubenswegs waren und sind, die mich in so vielfältiger Art und Weise unterstützen und mir das Gefühl geben, nicht allein auf dieser verrückten Reise zu sein. Danke Mami und Sandra.

Ein riesiges Dankeschön an meine Lektorin Bigna Hauser, die das Projekt von Anfang an mit viel Herzblut, Humor und Tatkraft unterstützt und vorangetrieben hat. Danke für deinen Mut und deine Zuversicht!

Ein grosses Merci an den Pano Verlag Zürich für das Vertrauen in mein Projekt.

Danke tuusig dir, liebe Samantha, fürs endlose Zuhören, Ermutigen, für deine Ideen, Anregungen und das Erstlesen. Auf viele weitere Stunden reden, lachen und weinen über das Leben und das Sterben!

Und dir, Renato: Muito obrigada por tudo meu amor.

Literaturliste

«Gefährlicher Glaube», Pia Lamberty, Katharina Nocun (Quadriga)

«Ein bisschen Glauben gibt es nicht», Daniel Böcking (Penguin Verlag)

«Gleissen», Anuschka Roshani (Kein&Aber)

«Jeder soll von da, wo er ist, einen Schritt näher kommen – Fragen nach Gott», Navid Kermani (Hanser)

«Warum ich kein Atheist bin – Glaube für Skeptiker», Alexander Garth (SCM Hänssler)

«Warum ich kein Christ bin», Betrand Russell (Matthes & Seitz Berlin)

«Die Kraft der Spiritualität», GEO WISSEN, Nr. 70 (Gruner + Jahr GmbH)

«Religion für Atheisten», Alain de Botton (Fischer)

«Gott braucht dich nicht», Esther Maria Magnis (Rowohlt)

«Licht im Dunkeln», Heino Falcke (Klett-Cotta)

Bildnachweise

Patrick Schwarzenbach © Privat
Anja Niederhauser © Thomas Meier
Mirjam Haymann © Raphaela Pichler
Manuel Schmid © Privat
Lama Irene © Privat
Valentin Abgottspon © Privat
Priscilla Schwendimann © Privat
Martin Iten © Privat
Alexandra Kruse © Privat
Dilek Uçak-Ekinci © Niklaus Spoerri
Kathrin Awi © Véronique Hoegger
Dorothea Lüddeckens © Privat
Marcel Steiner © Privat
Kathrin Altwegg © Uni Bern, Manu Friederich

Bildkonzept und Bildbearbeitung
Adrian Sonderegger, Zürich, www.ohnetitel.ch